공공기록물법령 실전읽기

**공공기록물법령 실전읽기**

초판 1쇄 발행  2023년 10월 31일

지은이 ㅣ 박지태
펴낸이 ㅣ 윤관백
펴낸곳 ㅣ 선인

등  록 ㅣ 제5-77호(1998.11.4)
주  소 ㅣ 서울시 양천구 남부순환로 48길 1
전  화 ㅣ 02) 718-6252 / 6257
팩  스 ㅣ 02) 718-6253
E-mail ㅣ suninbook@naver.com

정가  23,000원

ISBN  979-11-6068-839-9  93020

· 잘못된 책은 바꿔 드립니다.

# 공공기록물법령 실전읽기

박 지 태

선인

# ▌ 책을 내면서

2008년 당시 검토되었던 다양한 공공기록물법 관련된 사항을 겁도 없이 덤벼들어 책을 내었다. 이후 개정판에 대한 요구가 많았지만 법령은 계속해서 개정되었고, 내가 근무하는 기관의 공식적인 해석과 다른 개인적인 해석을 포함한 내용을 반영하여 새로운 책을 내는 것에 대한 부담감이 있었다. 그렇게 차일피일 미뤄지는 사이에 법령 해설집에 대한 요구도 줄어들고 스스로도 그 필요를 잃어갔다.

일 해온 시간보다 앞으로 일할 시간이 적게 남고, 그것도 한 자리수 안으로 들어오면서 그래도 무엇인가 기여하는 것은 있어야 하지 않겠는가 하는 생각을 하게 되었다. 언제나 그랬듯이 뚜벅뚜벅 블로그에 글을 적기 시작했다. 기록관리와 관련된 글만 적은 것은 아니지만, 20년 가까운 시간 블로그(기록이와 함께하는 읽기세상; http://blog.naver.com/girok2)에 올렸던 글 중에서 2019년부터 2021년 사이의 공공기록물법령 읽기 방법에 대한 것들을 모았다.

처음부터 책을 만들 생각은 아니었지만 법령에 대한 나의 생각을 두서없이 정리하다 보니 제법 많은 글들이 모였다. 그 결과 법령 해석 자체보다는 '어떻게 해석할 것인가'하는 방법론을 중심으로 하나의 주제로 묶을 수 있겠다는 생각이 들었다.

그렇지만 책을 내는 것이 쉬운 일이 아니었다. 법령은 블로그에 글을 올리는 사이에도 조금씩 개정되었고, 이전에 쓴 글과 법령 조항의 내용이 일치하지 않는 부분이 여러 곳에서 발견되었다. 결국 처음부터 다시 현재의 법령과 최소한 조항은 일치되도록 하는 작업을 다시 해야 했다. 더딘 시간이었고, 이 시간이 지나는 동안에 법령이 다시 개정되는 부분이 생긴다면 해당 부분에 대해 같은 작업을 반복해야 하는 어려움이 있었다.

내 삶의 키워드의 하나가 '읽생쓰기'라는 말이다. 읽고, 생각하고, 쓰고, 기억하기의 앞글자를 붙인 말이다. 사람은 생각하는 존재다. 그렇지만 생각에 앞서 그 소재가 되는 것을 많이 보아야 하는데, 시간과 공간의 한계 속에 사는 우리가 그것을 넘어서는 방법은 많이 읽고, 보고, 생각하는 것이라고 확신한다. 타인의 경험을 나의 세계 속으로 들여올 수 있는 효과적인 방법이라고 보기 때문이다. 각자 한계를 갖고 있지만 그것은 확장가능한 한계라고 믿는다. 읽기만 해서는 안된다. 생각하고 기억하려고 노력해야 하고, 이를 위해서 써서 기록해야 한다. 또한 읽기 방법이라는 것이 기술적인 부분에 치우치는 측면도 없지 않다보니 현실감이 떨어지는 한계가 있음도 사실이다. 그럼에도 서로 공유하고 나누는 것이 좋겠다고 생각했다.

특별한 이론적 성취를 이룬 것도 아니고, 새로운 관점을 제시하는 것도 아니지만 이제 독자 앞에 이 책이 나간다. 여전히 법령을 해석하는 일이 어렵다. 이 책은 공공기록물법령을 대상으로 해석하는 방법론을 정리한 것이지만, 공공기록물법령이 아닌 다른 법령에도 확장해서 적용할 수 있다고 생각한다. 현업에 종사하는 사람들이 좀 더 편안하게 법령을 이해하고 해석하며 업무에 적용할 수 있게 되기를 바란다.

601카페의 한 구석에서 모니터랑 씨름하는 남편을 말없이 응원해준 아내와 이 책을 내는데 흔쾌히 응해준 선인출판사 관계자 모두에게 감사의 인사를 전한다.

# ▌ 차 례 ▌

## 제2부 / 공공기록물법 실전읽기

제3부     **다양한 방식의 법령 읽기**

## 제4부    마무리

# 제1부
# 공공기록물법 읽기에 앞서

# 1. 변해야 하는 이유

주위를 돌아보면 모두가 '변화'를 이야기하는 것처럼 생각된다. 모두가 바라는 변화는 후퇴가 아니라 지금보다 더 나아진 세계, 국가, 기관, 개인이길 바라는 것이다. 부정적인 미래가 아닌 긍정적으로 변화된 미래의 모습을 말하는 것이다. 『거울나라의 엘리스』에서는 주변과 같은 속도로 움직여서는 언제나 똑같은 환경에 있기 때문에 더 빨리 달려야 달라진 세상을 만날 수 있다고 말한다. 변하지 않고 정체하면 현재에 머무르는 것이 최선의 상태가 된다. 그런데 나는 변하지 않는데 주위는 계속해서 변한다면 결국 나의 상태는 뒤처진, 후퇴한 상태가 되는 것이다. 따라서 변화는 멈추지 않고 계속되어야 한다.

특히 존재의 이유를 의심받고—부정당하고—있다면 심각하게 현재의 모습을 돌아보아야 한다. 무엇이 지금의 모습을 만든 것인지, 그 문제가 내부적인 문제로부터 비롯된 것인지, 아니면 외부의 변화에 적절하게 반응하지 못해서인지, 또는 내외부의 문제가 복합적으로 작용해서 나타난 현상인지 살펴보아야 한다.

어쨌거나 말로만 변화를 말한다고 실제의 변화를 이끌어낼 수는 없다. 누구나 변화를 바란다고는 하지만, 실제 내가 변화의 대상이 될 때는 소극적인 입장이 되기 쉽다. 변화에는 고통이 따른다. 애벌레가

번데기가 되었다가 성충으로 되기 위해서는 몇 차례의 변화를 거쳐야 한다. 단지 커진 몸을 빼어내는 탈피처럼 비교적 손쉬운 변화도 있지만, 고치로 변한 상태에서 이전과는 완전히 달라진 성충이 되기 위해서는 엄청난 노력이 필요하다. '啐啄同時(줄탁동시)'의 기회를 얻을 수 있다면 조금은 순조롭게 변화할 수도 있겠으나 변화의 타이밍을 놓치지 않는 것이 중요하다.

변화에 소극적이기 때문에 약간의 수정과 재배치, 재조정을 하는 수준에서 마무리되는 경우가 많다. 물론 어떤 계획도 완벽할 수는 없다. 때문에 계속해서 수정, 조정되어야 하는데, 그 이유는 예측할 수 없는 변수보다는 변화에 대한 두려움이 더 큰 문제라고 생각한다. 자그마한 변수가 발생할 때마다 변화의 목표, 방향성에 집중하지 못하게 되면 실제 변화는 더디게 진행되거나 다른 산으로 가게 될 수도 있다.

기존의 틀을 유지한 채 이루어지는 변화와 혁신(개혁)은 의미가 없다. 기존의 존재방식을 해체하고 새로운 존재방식을 만들어낸다는 생각으로 변화 앞에 서야 한다. 한 번 시작된 변화가 뿌리를 내리고 줄기가 자라 어느 정도 안정된 나무가 되기까지 기다림의 시간이 필요하다. 이 기다림의 시간이 변화를 이끌어내고 성장할 수 있도록 모두의 지혜를 모아야 하는 때로 활용하여야 한다.

이미 여러 차례 변화를 시도했고 실패했는데 또 무슨 변화냐 생각할 수 있다. 그렇지만 그렇기 때문에 지금이 변해야 할 때다. 지금이 변화를 시작해야 할 때다.

## 2. 전문성 확보를 위해 업무의 연속성을 높이기

전문성을 업무의 연속성이라는 측면에서 본다면 근무기간을 늘려서 해당 업무를 오랫동안 담당하여 업무에 대한 양적이고, 질적인 경험을 축적하도록 함으로써 얻어지는 결과물이라고 말할 수도 있을 것이다. 그러나 우리나라는 특정 업무에 대한 전문직위제의 형태로 고용이 이루어지기보다는 순환보직제에 따라 일정한 주기마다 업무가 변경되는 방식을 채택하고 있다. 그러한 이유로 인해서 동일 분야에서 장기간 근무했다고 해당 분야의 전문가라고 말하기 어려운 구조를 갖게 되었다. 전문성 확보를 위해서는 보직경로를 면밀하게 분석하여 한 사람이 근무를 시작해서 퇴직할 때까지 상호연속적인 관계를 갖는 업무를 담당하도록 함으로써 질적인 깊이를 더해가도록 하는 것이 필요하다. 그러나 모든 업무에 동일한 비중의 인력이 필요한 것이 아니기 때문에 수직수평으로 연관되어 경험해야 할 업무가 어떤 것인지 식별되어야 한다. 또 각각의 업무에 대한 숙련에 필요한 기간이 산정되어야 한다. 해당 업무를 체계적으로 수행하기 위해서 선행되어야 하는 지적 학습도 요구된다.

이러한 사항들을 종합적으로 고려하여 업무경험이 누적되면서 자연스럽게 다음 단계의 업무를 이행할 수 있도록 하는 것이 필요하다.

기록전문가의 전문성 확보를 위해서 무엇이 필요한지 환경적 요인과 자발적 요인의 두 가지 측면에서 생각해 보자.

환경적 요인은 업무활동을 통해서 지식, 기능의 습득이 가능하도록 되어 있는가를 보는 것이다. 국가기록원과 같은 영구기록물관리기관은 연구조직은 아니지만 전문직 비율이 높다. 따라서 기록관리와 관련된 일반행정 업무도 수행해야 하겠지만, 일정수준 이상의 연구활동이 보장될 수 있도록 구조화하는 것이 필요하다. 예를 들면 5년 또는 10년 이상 근무하면 6개월에서 1년 정도 연구년제를 갖고 그동안의 업무경험, 자신이 연구하고자 하는 관심분야에 대해 집중하도록 하는 것이다. 30살에 입사한 경우 60살에 퇴직할 때까지 그 주기를 10년 정도로 한다면 대략 3번 정도의 기회가 돌아가는 방식이다. 이를 통해서 업무경험을 좀 더 체계적으로 정리하고 개선방안 등에 대한 아이디어를 용이하게 도출해내도록 할 수 있을 것이다. 아울러 이렇게 도출된 성과물은 콘텐츠를 제작하거나 교육프로그램에 포함함으로써 교수인력을 확보하고 다양한 교육 콘텐츠를 기록관리 교육수요자에게 제공할 수 있을 것이다. 즉 조직에서 환경적으로 연구활동을 할 수 있도록 보장하는 것이다.

다음 자발적 요인은 다분히 개인의 노력을 전제로 하며, 이때는 개인이 자신의 관심분야에 대한 활동을 집중적으로 수행하는 능동적 과정이라고 할 수 있다. 학위 취득을 목적으로 연구활동을 하는 경우, 특정한 관심분야가 있어서 연구를 지속적으로 하는 경우, 업무를 좀 더 효과적으로 수행하기 위해 연구하는 경우 등 자발적 연구를 이끌어내는 동인은 다양하다. 연구직을 선발한 기관은 일과 학습이 병행될 수 있도록 하는 조치들을 마련해야 하지만, 현실적으로 개별기관에서 이것을 기대하기는 어렵다. 따라서 학습할 수 있는 정보의 양과 질을 모두 높일 수 있도록 하는 기록공동체 안에서의 노력이 필요하다. 앞에서 말한 환경적 요인들을 만들어 갈 수 있다면, 개별 기관에서 근무하는 기록전문가들이 자발적 요인으로 연구활동을 지속시켜갈 수 있을 것이라고 생각한다.

기록관리는 기록하는 현장과 살아 움직이는 기록을 다루는 분야이다. 기록정보의 활용이라는 실용성을 배제하고 생각할 수 없다. 그러나 각자 경험하는 현장과 기록은 제한적일 수밖에 없다. 환경적, 자발적 요인이 작동하면서 나오는 다양한 콘텐츠들은 임상의 결과물이다. 이런 임상의 결과물들을 함께하고 나누며 다시 발전된 의견을 만들어갈 수 있도록 하는 것이 필요하다.

## 3. 주기적 학습의 필요

사람의 사회적 활동을 살펴보면 공동체 안에서의 관계 속에서 심리적 안정감을 찾기 위해 행동하는 것처럼 보일 때가 많다. 사람은 그의 생각과 느낌과 행동이 내면에서부터 조화를 이루어야 겉으로 드러나는 삶의 모습도 안정적으로 유지될 수 있다. 그러므로 공동체 안에서 형성되는 관계들, 공동체가 지향하거나 그 안에 내가 속한 소그룹이 공유하는 가치들, 그리고 자신의 정체성을 안정적으로 이루려는 욕구를 누구나 갖는다.

사람의 정체성은 상호협력적인 관계 속에서 성장하고, 안정성을 유지하면서 발현된다. 대개 정체성의 위기를 겪는 문제들은 '의미'를 확인하지 못하기 때문에 나타나는 경우가 많다. 일을 하기는 하지만, '왜' 해야 하는지, 이것을 함으로써 '무엇을' 얻을 수 있는지, 그것은 '어떤 의미'를 갖는지 등이 불분명한 경우에 정체성의 위기를 겪는다.

상호관계성을 가지고 있는 공동체 내에서 관계의 설정이 명확해야 하고, 상호보완적으로 정체성을 확인할 수 있어야 한다. 이러한 정체성을 형성하고 회복될 수 있도록 주기적으로 자신을 돌아보고, 공동체가 무엇을 지향하고 있는지 등에 대해 학습이 이루어질 필요가 있다.

그러나 학습자들에게 특정한 행위나 규율을 강제하는 것은 안된다. 기본(기초)을 학습한 후에 실용적인 측면에서의 적용 내지는 응용이 가능해 진다. 기본에 대한 교육이 충분하게 이루어지지 않거나, 그러한 상태에서 학습이 종료되면, 학습과 현장이 분리되어 있다는 인식이 고착될 수 있다. 기록관리의 현장과 학습은 분리되어 있지 않다는 인식을 해야 한다. 그래야 문제점을 해결하거나 목표를 실현하는데 필요한 기본이 무엇인지에 대한 이해를 전제로 학습자들이 실제처럼 학습을 할 수 있고, 학습의 효과 또한 높아질 수 있을 것으로 생각한다.

때로는 이미 기본적으로 학습하였거나 업무에서 경험한 것을 전제로 하여 심화학습을 하는 것도 필요하다. 또 때로는 기본학습을 한 내용을 리뷰하는 시간을 갖는 것도 필요하다. 학습자의 요구수준과 현재 해결해야 할 과제의 내용에 따라 제공되는 학습의 목표와 방향 및 내용을 조정하는 것도 필요하다.

학습이라는 것은 어떻게 보면 '내 것이 아니었던 것, 나로부터 시작되지 않은 것'들을 통해서 나를 알고, 내가 하고 있는 업무를 이해해 가는 것이라고 할 수 있다. 모든 것들이 주어진 것들이다. 일종의 선물이다. 누군가 앞서서 같거나 유사한 문제를 고민했고 그 결과가 학습의 내용에 반영된 것이다. 만약 내가 원하는 분야에서 학습에 참고할 것이 있다면 감사해야 한다.

학습할 때 주의해야 하는 점 하나는 단순히 비교하기보다는 나를 객관적으로 이해하기 위해서 계속해서 노력해야 한다는 것이다. 기초적인 것, 근본적인 것, 본보기가 될 만한 것인 경우에 더욱 그렇다.

의외로 기초를 잊어버릴 때가 많다. 기초는 어떤 의식을 이루는 토대이며, 골격이고, 윤곽을 말한다. 기초를 단단히 해 놓지 않으면 그 위에 올리는 건축물은 사상누각이 될 수밖에 없다. 요행히 버티고 서

있는다 하더라도 쉽게 자신의 부실함을 드러내고 만다. 기초를 이루는 것은 그 분야에서 근본적으로 요구하는 것이며, 본보기가 되어 따라할 수 있는 것을 말한다.

이전의 학습은 주어지는 것을 일방적으로 제공하는 방식이었다. 학습자에게 이전에 이미 옳다고 여기는 것을 전달(전수)해 주는 것이 주된 목적이었다고 할 수 있다. 그런데 지금은 어지간한 내용은 굳이 교육을 통하지 않아도 구글링과 같은 방식을 통해서 손쉽게 획득할 수 있다.

따라서 교육의 효과를 높이기 위해서는 제공형이 아니라, 학습자가 주도적으로 참여하는 방향으로 전환을 검토해야 한다. 다만, 참여형 교육의 경우에도 교수자가 사전에 설계한 커리큘럼 안에서 참여하도록 하는 방법을 사용해야 한다고 본다. 이 경우에 교수자의 역할은 바람직한 목표로 설정한 결과에 학습자가 도달할 때까지 강약을 조절해 가면서 스스로의 답을 찾아가도록 안내하는 것으로 제한되어야 한다.

다른 방법으로는 학습자가 스스로 상황을 만들거나 자기의 상황을 토대로 문제해결을 할 수 있도록 지원하는 방안도 검토해야 한다. 이 경우에는 학습자 상호 간에 솔루션을 검토하고 바람직한 모습을 만들어가는 것이다. 교수자는 최소한으로 참여하되 학습자들의 결론에 영향을 미치는 활동을 하지는 않고 해결해야 할 문제의 목적에서 벗어나지 않도록 하는 역할로 최소화해야 한다.

참여형 학습프로그램을 구상할 때 다음 표와 같이 여러 상황을 고려해야 한다.

| 단계 | 인지적 영역 | 정서적 영역 | 실천 영역 |
|------|------------|------------|-----------|
| 발단 | 지식(아는 것) | 이해 | 태도 |
| 전개 | 인식(이해하는 것) | 인정 | 숙달 |
| 형성 | 확증(문제해결) | 공감 | 습관 |

* 하이만과 슐츠에 의한 커리큘럼 이론모델에서 응용하여 작성

　기본적으로 교육은 인지적 영역에 초점을 맞추어 이루어진다. 교수자는 지식을 전달하고, 학습자는 그것을 받아들이도록 하는 것을 목표로 이루어진다. 결과적으로 바람직한 결과를 제공해주는 것이 보통이다. 유능한 스타강사가 설명할 때 듣고 있으면 마치 알고 있던 것처럼, 내가 스스로 답을 찾아낸 듯한 착각에 빠지게 된다. 그러나 돌아서면 무엇을 들었는지 잊어버리는 경우, 제공된 솔루션이 자기 현실에 부합되지 않는다는 것을 깨닫게 되는 경우, 알고 있었던 것처럼 생각한 것이 착각이었다는 것이 드러나고 무용지물이 되는 경우가 많다.

　정서적인 영역은 학습자의 마음을 기준으로 보는 것이다. 학습자가 먼저 이해하고, 인정을 한 후에야 비로소 공감하는 단계로 나아갈 수 있다. 학습자는 이해해야 마음이 움직인다. 마음이 움직여야 학습하는 내용의 가치를 인정하게 되고, 마지막으로 공감을 통해서 스스로 문제해결을 하려는 태도가 확정된다.

　실천영역에서는 알고 이해한 것을 받아들이려는 학습자의 태도가 중요하다. 받아들이려는 태도가 있어야 인정한 것을 숙련될 때까지 반복해서 학습을 할 수 있다. 반복학습을 통해서 어떤 상황이 주어졌을 때 습관처럼 반응할 수 있게 된다.

　자기주도 학습은 주기적으로 이루어져야 한다. 우리가 일하는 환경은 시시각각 변화한다. 또 주변의 상황도 변화된다. 세상이 변화되는

데 머물러 있으면 뒤처진다. 나의 부족하고 필요한 것이 무엇인지를 스스로 알아내고 답을 찾아나가는 훈련은 쉼 없이 반복해서 계속 이루어져야 한다.

# 4. 해석하며 사는 인생

삶은 끊임없는 해석의 연속이다. 눈앞에 펼쳐진 세상은 액자 속 풍경화가 아니다. 살아 움직이는 모든 것들은 서로 관계하며 영향을 주고받는다. 아무런 조건이 없이 프로세스에 따라 컨베이어 벨트가 돌아가는 자동화 시스템처럼 움직이지 않는다.

글을 읽을 때에도 마찬가지다. 본문(Text)과 상황(Context)이 어떤지를 읽는 것에서부터 출발해야 한다. 쓰여진 글과 그 글의 전후 맥락을 함께 이해하지 않으면 논리적 이해는 불가능해진다. 따라서 상황에 따라 본문을 이해하기 위한 해석이 필요하다. 첫째, 본문의 의도는 무엇인가를 질문해야 한다. 작가이건, 일상의 글을 쓰는 경우이건, 문서와 같은 공식 기록의 경우이건 작성자의 의도가 있다. 읽는 사람은 그 의도를 먼저 파악해야 한다.

둘째, 본문내용을 분석하고, 해석하고, 적용해야 한다. 의도를 파악하였다면 내용이 의도와 부합하는지를 살펴야 한다. 전달하고자 하는 내용은 무엇인지, 내용은 목표를 적절하게 표현하고 있는지, 파악된 대로 했을 때 그 결과가 예측 가능한 것인지 등을 살펴봐야 한다.

셋째, 마지막으로 실제 상황에 대해 살펴보아야 한다. 내용은 좋은데 현실적이지 않다면 소용이 없다. 따라서 현재 상황이 그것을 적용할 수 있는 상황인지, 또는 시기를 조절해야 하는 것인지, 아니면 선행해서 해결되어야 하는 또 다른 문제는 없는지 등을 살펴야 한다.

오늘도, 지금도, 매 순간 우리는 해석하며 살아간다. 인생은 해석의 연속이다. 올바른 해석을 위해 관점을 바로세우는 것이 필요하다.

## 5. 세상을 읽는 파워풀한 방식

세상을 읽기 위해서 무엇인가 특별한 비법이 있는 것이 아니다. 누구나 알고 있는 육하원칙을 따라가며 대상을 바라보면 좋은 인사이트를 끌어낼 수 있다. "누가, 언제, 어디서, 무엇을, 어떻게, 했는가"의 여섯 가지를 삶의 여러 국면에서 반복해서 질문해보는 것이다. 여섯 가지 모두가 활용될 수도 부분만 적용될 수도 있지만, 적어도 기본적인 질문은 여기에서부터 출발한다. 어떤 질문은 반복해서 좀 더 깊이 있는 질문으로 들어갈 수 있다. 반복해서 이루어지는 질문은 인과관계를 재구성하는 데 도움을 준다.

기록관리에서도 마찬가지가 아닐까 생각한다. 일반적으로 "누가"는 주로 생산자나 수신자(대상자)를 가리킨다. "언제"는 기록의 작성 시점이나, 기록의 내용 안에 포함된 행위의 시점정보를 담는다. "어디서"는 행위가 발생하는 물리적 공간을 의미하기도 하지만, 어떤 영역에서 이루어지는지를 말하는 것으로 이해할 수 있다. "무엇을"은 실제로 일어난 활동이나 기록의 생산자가 기대하는 어떤 활동, 업무의 증거를 말한다. "어떻게"는 무엇을 할 수 있도록 선택한 방법을 말한다. 조사, 수집, 연구, 검토, 정리 등의 도구나 수단과 관련된 행위를 말한다. "했는가"는 실제로 이루어진 활동이다.

기록에 대한 검증을 할 때 실제 그 행위가 있었는지를 확인하는데 시점정보는 중요한 의미를 갖는다. 또한 육하원칙이 하나의 기록에서 모두 확인될 수도 있으나 대체로 기록의 관계를 통해서, 즉 맥락을 통해서 어떤 활동이 드러나고, 기능이 확인된다. 복잡해 보일수록 단순화시켜서 살펴보아야 한다.

불필요한 것들을 덜어내고, 그 안에 있는 핵심적인 것들이 무엇인지를 찾는데 주력해야 한다. 핵심을 붙잡고 그 핵심에 살을 붙여나가 보자. 원인과 결과, 배경과 현상 등 드러난 사실과 그것이 나타나기까지의 과정이나 이면에 담겨있는 맥락을 찾기 위한 수고가 필요하다. 어느 정도의 수고가 더해지면 반복적이거나 유사한 상황에서 발생하는 업무에 대해서는 일반화된 이해의 수단을 확보할 수 있을 것이다.

기록의 가치평가는 여기에서부터 출발해야 한다. 세상의 모든 것이 의미있게 간직될 수 있으면 좋겠지만, 흘러가는 시간 속에 잊혀지고 사라지는 것들이 대부분이다. 소수의, 살아남아서 한 시대를, 특정 업무를 증명해주도록 선택된 기록이 그 시대를 설명하는 것들이 된다. 오래전에 보았던 〈기억전달자〉(소설과 영화로 모두 볼 수 있음)라는 작품 속에서 인간의 파괴적 본성을 없애기 위해 강제로 기억의 제한을 받는 사회에서조차, 과거 인간의 모습을 선택받은 기억전달자를 통해서 계승하도록 하고 있었던 것이 기억난다. 기억전달자로 선택받은 사람이 행복했던 기억만이 아니라 슬프고 아팠던 기억도 인간에게는 모두 필요하다고 생각하고 금기를 깨뜨린다. 작품의 결론은 금기가 깨짐으로써 사람들의 기억이 돌아온다는 이야기다. 영화에서는 회색 빛의 모노톤이었던 세계가 칼라풀한 세계로 변하는 것으로 마무리된다. 무엇을, 어떻게 선정해서 판단할지 신중에 또 신중을 기해야 하는 이유가 여기에 있다고 생각한다.

공공기관의 영역에서는 여전히 분류체계와 가치평가를 위한 절차를 거치면서 몇 단계 안전장치가 작동하지만, 민간의 영역에서는 그러기 어렵다. 따라서 민간에서 기록관리를 하려는 경우에는 특히 더 기록관리를 할 수 있는 자원을 고려하면서 이 부분을 염두에 둘 필요가 있다.

## 6. 기본기를 다지기 위한 법의 네 가지 기능

법을 어기는 사람을 범법자(범죄자)라 한다. 법이 많아질수록 범죄자의 숫자도 늘어난다. 법과 양심(윤리)의 사이에서 법의 목적은 질서를 유지하고 증진시키기 위해 쓰이는 것에 있다.

기본기를 다지기 위해 각종 이론에 대한 학습과 신기술에 대한 연구는 계속되어야 한다. 기본기를 다지기 위해 가장 기초가 되는 것이 무엇일까 생각할 때 그 나라의 제도와 제도의 총합인 법령을 학습하는 것은 놓치지 않아야 한다고 생각한다. 법령을 교조적으로 받아들여서는 안 된다. 유연하고 탄력적으로 법령을 적용할 수 있어야 한다. 유연함은 기본기가 탄탄하게 자리하고 있을 때 가능하다고 생각한다. 유연하게 법령을 이해하기 위해서 법이 갖는 기능을 이해하는 것이 필요하다고 생각한다.

법의 기능은 안내자(guide), 파수꾼(guard), 나침반(compass), 모범적 예시(example) 등으로 요약할 수 있다.

안내자로서 법의 기능은 관련된 사람이 어디로, 어떻게 가야할지를 알려는 친절한 가이드가 되어야 한다. 낯선 국가, 낯선 도시로 여행을 갔을 때 현지 가이드의 도움을 받을 때가 있다. 경험이 많은 가이드는 당초 예정된 코스에만 집착하지 않는다. 그 날의 날씨, 여행자의 컨디

션까지 고려해서 이동 동선과 이용할 식당에 대한 안내까지 하기도 한다. 과도한 이야기라 생각할 수 있겠지만, 법을 다루어야 하는 사람들은 가능한 최대한의 노력을 기울여 친절한 가이드가 되도록 해야 한다.

파수꾼으로서 법의 기능은 법은 일종의 경계를 의미한다. 법에서 정한 선, 울타리가 있다. 그 울타리 안에서 보호되어야 할 것과 밖에서 보호받을 수 없는 것들이 법을 통해서 결정이 된다. 울타리가 헐겁거나 지나치게 낮으면 담을 넘어다니는 일이 비일비재하게 일어날 수 있다. 이른바 예외적인 사항이 다수 발생하고, 심하면 예외가 일상이 되는 경우도 있을 수 있다. 법이 만고불변의 진리는 아니기 때문에 시대와 상황, 가치의 변화를 시의적절하게 반영하면서 수정, 보완되어야 한다. 그렇지만 처음부터 헐겁게 만듦으로써 법이 법으로써의 기능을 온전히 수행하지 못하도록 하는 것도 문제다. 법을 만들고 경계를 정했다면 그것이 잘 유지되는지 살피는 것이 중요하다.

나침반으로서 법의 기능은 현재 나의 위치를 알려주는 역할을 하는 것이 되어야 한다는 의미다. 법에는 다양한 내용이 포함되어 있다. 법에는 하라고 의무화된 것, 하지 않도록 규정한 것, 선택적으로 할 수 있도록 한 것 등이 사안별로 반영되어 있다. 현재 내가 일하고 있는 기관의 상황을 법의 기준에 비추어 볼 때 어느 정도의 위치에 있는지 확인할 수 있어야 한다. 그래야 무엇을 해야 하고, 어디까지 할 수 있고 하는 나의 능력과 한계를 확인하고 검증할 수 있다. 쉽고 편하게 남들 하는 만큼만 할 수도 있으나, 사실 남들 하는 만큼만 하는 것처럼 어려운 것이 없다. 기관마다, 내가 다루어야 하는 기록의 성격마다 조건이 다르기 때문에 동일한 노력을 들였다고, 동일한 결과를 가져온다는 보장이 없다. 따라서 법을 통해서 현재 나의 위치를 정확하게 파악하는 것이 필요하다.

모범적 예시로서의 법의 기능은 어찌 보면 법의 가장 기본적인 기능이라고 할 수 있다. 법은 바람직한 목표를 제시해준다. 어떤 경우 법의 목표가 지나치게 이상적으로 보여서 그것을 지키는데 어렵다고 느낄 수 있다. 법의 목표와 이상을 어디에 있는가를 확인하는 것보다 중요한 일은 법이 도달하고자 하는 바람직한 미래를 앞에서 나침반으로서 법의 기능을 통해서 확인한 나의 현재 위치와의 갭(차이)을 어떻게 극복해 갈 것인가 대안을 찾아가야 한다. 법 적용사례를 적극적으로 발굴하여 각각의 사례별로 참조할 수 있도록 해야 한다.


## 7. 법을 분석적으로 읽어야 하는 이유

그냥 읽어도 될 일을 왜 군이 육하원칙이니 어쩌니 하면서 복잡하게 읽어야 하는가 생각할 수 있다. 설명의 편의를 위해서 육하원칙의 이야기를 했지만, 개인적으로는 법을 읽을 때 더 다양한 방식으로 분해하면서 읽는 편이다. 그렇다고 항상 모든 법령의 내용을 그렇게 읽지는 않지만 깊이 있는 이해가 필요하다고 생각할 때는 가능한 내가 아는 모든 방법을 동원해서 읽는 편이다. 그리고 그렇게 읽을 때는 스스로에게 질문을 많이 한다.

예를 들어 기록물관리의 원칙을 밝힌 제5조를 읽는다고 해보자.

| | |
|---|---|
| **누가** | 공공기관 및 기록물관리기관의 장 |
| **무엇을** | 기록물의 생산부터 활용까지의 모든 과정에 걸쳐 |
| **어떻게** | 진본성, 무결성, 신뢰성 및 이용가능성이 보장될 수 있도록 |

평소에 읽을 때는 좀 더 세분화해서 읽는다. 내가 편하게 읽는 방식은 아래와 같다. 공공기록물법의 목적인 제1조를 읽는다고 하면 다음과 같이 분해를 해 놓는다.

---

이 법은
공공기관의
투명하고 책임있는 행정구현과
공공기록물의
안전한 보존 및 효율적 활용을 위하여
공공기록물 관리에 필요한 사항을 정함을
목적으로 한다.

---

이렇게 나누는 것은 법의 내용을 단순히 줄 바꿔가면서 읽는 것이 아닌가 하는 생각이 들 것이다. 맞는 말이다. 그러나 이렇게 나누었을 때, 경험적으로는 좀 더 의미가 선명하게 다가온다고 생각한다.

즉,

---

이 법은 목적은 다음과 같다.
첫째, 공공기관의 투명하고 책임있는 행정구현과,
둘째, 공공기록물의 안전한 보존 및 효율적 활용을 위하여
셋째, 공공기록물 관리에 필요한 사항을 정하는데 있다.

---

좀 다른 느낌이 아닌가? 그리고 반복해서 질문해 본다. 몇 가지 예만 살펴보면 아래와 같다.

- "이 법", 즉 공공기록물법은 어떤 성격의 법인가?
- 이 법에서 말하는 목적을 이루기 위해서 필요한 것은 무엇인가?
- 투명하고 책임있는 행정이란 무엇인가?
- 행정의 투명성은 무엇이며, 기록관리는 어떠한 방법으로 행정의 투명성을 확보하고 증대시켜나갈 수 있도록 역할을 할 수 있는가?
- 투명한 행정은 책임있는 행정의 필수조건인가, 필요충분조건인가?
- 그것도 아니라면 투명한 행정과 책임있는 행정은 동등한 위치의 병렬적인 수사인가?

등등을 질문한다. 물론 하나의 질문이 또 다른 질문을 낳고, 그 질문에 대한 답을 찾기 위해서 법령의 다른 부분을 확인하고, 수직적으로 시행령과 시행규칙을 찾아본다. 꼬리물기 질문도 있지만, 심화되는 질문도 있다. 그런 경우는 다른 분야와 연계되는 부분이 나올 때이다. 잘 모르는 익숙하지 않은 분야로 질문이 연결되면 그 분야의 법령이나 관련 논문을 찾아 읽기도 한다.

표현이 서툴러서 그렇게 읽어간 방식 중 일부만 사례의 형식으로 정리하고 있다. 내가 생각하고 시도했던 것보다 탁월하게 법령을 이해하고 현상에 적용시킬 수 있도록 하는 '읽기'가 틀림없이 있다고 믿는다. 그럼에도 굳이 내가 읽었던 방식에 대해서 공개하는 것은, 현재 이 일을 하게 된 것도, 앞으로 얼마 남지 않은 시간 동안 할 수 있는 것을 생각해 보아도, 기록관리 분야에서 기여할 수 있는 것이 마땅치 않다는 생각이다. 내 삶의 대부분이 그렇지만, 내가 한 것보다는 다른 사람들이 이루어 놓은 것을 받은 것이 훨씬 더 크고 많다. 작지만 그 중에서 가장 많은 시간을 들였고, 그나마 욕을 좀 덜 먹을 수 있다고 생각하는 것부터 한 가지씩 공유했으면 하는 생각이다.

기록관리에 종사하면서 그동안 백여 회 이상 '공공기록물법'을 읽은 것 같다. 여전히 법을 읽을 때마다 새로운 느낌이 들고, 이전에 보지 못했던 부분들이 보이는 것을 보면 아직도 멀었다는 생각이다.

겁 없이 시도했던 법령 따라읽기가 이 일을 하는 동안 계속해서 나의 손을 놓지 않는 이유이기도 하다. 해석의 정확성 여부는 둘째로 하고, 멈추지 않고 바라보는 것이 중요하지 않은가 생각하면서 오늘도 법령의 한 귀퉁이를 만지작거린다.

## 8. 법을 읽는 방법

공공기록물법을 읽을 때, 처음 접하는 사람이라면 당연히 제1조의 목적부터 읽기 시작할 것이다. 법을 처음부터 끝까지 빠뜨리지 않고 읽는 사람은 많지 않다. 또 그 법을 수시로 찾아서 반복해서 읽는 사람은 더욱 적을 것이다. 기록관리와 관련된 업무를 하는 사람이라고 하더라도 자신의 업무에 관계된 조항들을 찾아보면서 업무에 참고하는 정도가 대부분일 것이다. 그럼에도 나는 법을 처음부터 끝까지, 그리고 수시로 반복해서 읽어야 한다고 주장하는 사람이다.

왜 그래야 할까? 법은 살아 있는 생명체와도 같다. 수시로 개정되기 때문에라도 보아야 하지만, 읽을 때마다 이전에 인지하지 못했던 사실을 깨닫기도 하고, 업무와 연계해서 해석의 범위가 달라지기도 하는 경험을 하기 때문이다. 법은 적용에 일관성을 지녀야 하지만, 나의 필요와 목적에 따라서 나에게 유리한 방향으로 해석하고자 하는 경향을 누구나 갖는다. 처음부터 끝까지, 수시로 반복해서 읽어야 하는 이유는 일관된 법적용을 위해서 나의 관점을 명확하게 세우기 위해서이다.

법을 읽어나가는 방식은 사람에 따라 제각기 다를 것이다. 지금부터 내가 법을 읽는 방식 중 한 가지를 소개하려고 한다. 누구나 손쉽게 할 수 있는 방법이라고 생각하고, 개인적으로는 이렇게 읽어 갈 때 비교적 법령이 손쉽게 이해되는 장점이 있다고 생각한다. 물론 모든 조항이 이 방식에 따라 읽을 수는 없지만 공공기록물법의 경우에는 대체로 많은 중요한 조항들이 이 방식으로 읽을 때 잘 이해될 수 있다고 생각한다.

방법 자체는 아주 간단하다. 이른바 육하원칙에 따라 법령을 읽어보는 것이다. "누가, 언제, 어디서, 무엇을, 어떻게, 왜"라는 관점에서 읽으려고 하는 법조문의 전부 또는 일부에 적용하며 읽으면 법령 안에 있는 내용이 비교적 일목요연하게 읽혀진다. 동의하지 않는 사람도 있을 것이라고 생각하지만, 이렇게 읽는 것은 경험적인 부분이기 때문에 모두의 동의를 기대하지는 않는다. 다만, 나의 경우에 법령을 읽다가 막히는 부분이 있을 때 가능한 법을 분해해서 읽는 방식을 택한다. 그리고 그 육하원칙에 따라 분해한 내용에 2번 내지 3번 반복해서 질문해봄으로써 나름대로의 이해의 폭을 넓혀서 법령을 좀 더 세밀하게 이해하는데 도움이 되었다. 또한 수시로 법령이 개정될 때마다 개정된 조항의 내용을 개정이유서와 함께 육하원칙을 적용해서 읽을 때 좀 더 쉽게 이해할 수 있었다고 생각한다.

# 제 2 부
# 공공기록물법 실전읽기

# 제1장 총칙

## ◙ 제1장 총칙의 이해

공공기록물법령 제1장은 전체적인 공공기록관리의 방향성을 정해 준다는 측면에서 전체를 한 묶음으로 읽는 것이 필요하다. 제1장 총칙 전체를 읽어보도록 하겠다.

뒤에 제1조에서 볼 것처럼 법을 여는 최초의 목적에 '누가'는 없다. 그것은 공공기록물법이 모두에게 공통적으로 적용되어야 하는 보편타 당성을 지닌 법령이라는 일반법의 특성을 지니고 있기 때문이라고 이 해할 수 있다. 그렇지만 '왜' 기록관리를 해야 하는지는 두 가지 측면 에서 설명하고 있고, 이는 투명성과 활용이라는 양 축을 통해서 이루 어져야 함을 살펴보았다.

총칙은 제1조 목적을 전체적으로 어떻게 구현해 갈지에 대한 큰 그 림을 그리는 도화지와 같은 부분이다. 아무것도 그려져 있지 않은 백 지에 밑그림을 그려 넣는 것과 같다. 아니면 공공기록물법을 다루고, 법령을 통해서 일해야 하는 모두의 머릿속에 최소한의 밑그림을 그려 놓도록 제시하는 것과도 같다. 법령의 구조 자체는 다른 법령들과 마 찬가지로 제1조(목적), 제2조(적용 범위), 제3조(정의), 제4조(공무원 등의 의무), 제5조(기록물관리의 원칙), 제6조(기록물의 전자적 생산·관리), 제7조(기록물관리의 표준화 원칙), 제8조(다른 법률과의 관계) 등 일반적인 법령의 형식을 그대로 갖고 있다.

제1조의 목적과 연계해서 총칙을 구분해 보면 '행정의 투명성'을 확보하기 위한 내용과 '안전한 보존 및 효율적 활용'이라는 두 개의 영역으로 구분해서 읽어 볼 수가 있다.

〈표〉 제1목적과 제2목적에 따른 구분

| 제1목적 : 행정의 투명성 | 제2목적 : 안전한 보존 및 효율적 활용 |
|---|---|
| ☞ 제2조 : 공통적용 | |
| ☞ 제4조제1항 : 행위자를 지정 | |
| | ☞ 제4조제2항 : 역할에 주목 |
| ☞ 제5조 : 공통적용 | |
| ☞ 제6조 : 행정의 투명성 확보수단 | |
| | ☞ 제7조 : 어떻게 해야 할지를 규정 |

"투명하고 책임있는 행정의 구현"은 우선 '모든 공무원과 공공기관의 임직원'에게 기록물을 보호하고 관리할 의무를 부여하는 것으로부터 시작한다. 또한 기록을 생산하고 관리하는 주체로 책임의 범위를 좁히면, 공공기관의 장이나 기록물관리기관의 장에게 다양한 형태의 의무가 부과되고 이것은 '기록물의 안전한 보존 및 효율적 활용'까지 이어진다. 사실상 기록물은 행위의 결과물이다. 따라서 행위자인 공무원과 공공기관의 임직원이 자신에게 부여된 역할을 수행하는 과정을 권한에 맞도록 기록한다면 자연스럽게 행정의 투명성은 확보될 수 있다. 현실세계에서 행정의 투명성 확보가 어렵다고 여겨지는 것은

최종 등록되는 기록정보가 업무의 시작단계에서 작성되어 여러 의견을 반영하며 수정되는 과정에서 왜곡되기도 하고, 생략되기도 하는 모습을 종종 목격하기 때문이다. 최종적으로 기록된 결과물이 의사결정 과정에서 최선의 선택을 하기 위한 중간단계의 기록정보를 모두 포함하지 못하기 때문이라고 생각한다. 과정의 기록이 생략되는 문제가 있다는 말이다.

 "기록물의 안전한 보존 및 효율적 활용"은 공공기관이 생산 및 보유하고 있는 기록의 주인이 누구인가 하는 관점에서 바라봐야 한다. 기록의 생산은 행위자인 공직자가 하지만, 국민의 위임을 받은 정부의 업무기능을 나누어서 하는 것이다. 즉 공공기관에서 공직자가 생산하는 기록은 국민의 것이라고 보아야 한다. 다만, 활동의 성격이나 내용에 따라서 일정한 기간 동안 보호가 필요한 기록이 있을 수 있으며, 또 일정한 기간이 경과하면 더 이상의 필요성이 소멸되기 때문에 처분되는 관리과정이 필요하게 된다. 그런 측면에서 보존과 활용은 특히, 기록물을 관리하도록 역할이 부여된 기록물관리기관과 기록전문가 등 관리자들이 최선의 노력을 기울여야 하는 부분이라 할 수 있다.

## ◼ 제1조 목적

 공공기록물법 제1장 총칙부터 육하원칙을 적용하여 읽어보면 다음과 같다.
 제1조는 공공기록물법의 전체적인 목적을 밝히는 내용이다.
 제1조(목적)의 전문이다.

 "이 법은 공공기관의 투명하고 책임 있는 행정 구현과 공공기록물의 안전한 보존 및 효율적 활용을 위하여 공공기록물 관리에 필요한 사항을 정함을 목적으로 한다."

'이 법은'으로 시작하여 '~하기 위하여'로 연결됨으로써 기록관리라는 수단을 통해서 이루고자 하는 것이 무엇인지를 의지적으로 표현하는 내용으로 되어 있다.

제1조에 '누가'는 없다. 제1조에서 2개의 '왜'가 나온다.

제1조에서는

---

① 공공기관의 투명하고 책임있는 행정 구현
② 공공기록물의 안전한 보존 및 효율적 활용

---

을 위하여 공공기록물관리에 필요한 사항을 정함을 목적으로 한다고 말하고 있다.

이 법을 만든 목적이 첫째 공공기관의 투명하고 책임있는 행정 구현에 있으며, 둘째 공공기록물의 안전한 보존 및 효율적 활용에 있음을 밝히는 것이다. 이를 통해서 행정의 투명성, 책임성을 이루기 위해서 기록관리는 어떻게 기능해야 하는지가 이하의 법령안에 포함될 것을 유추할 수 있게 한다. 이하 법령을 읽을 때 이 조항의 내용이 실현되면 행정의 투명성, 책임성이 확보될 수 있을까 생각하면서 읽으면 조금은 다르게 해당 조항이 다가올 것이다.

마찬가지로 둘째 공공기록물의 안전한 보존 및 효율적 활용이 두 번째 목적으로 들어 있음을 생각해보면, 법령의 주요한 내용들이 기록의 보존 및 활용과 관련된 방법이나 절차를 담고 있을 것으로 생각할 수 있다. 이 법조항의 내용이 안전한 보존을 담보해내는 것인지,

기록정보의 소비자들이 충분히 활용하도록 서비스가 이루어질 수 있도록 되어 있는지 염두에 두면서 읽을 수 있을 것이다.

정리하자면 공공기록물법 제1조의 목적은 기록관리의 방향을 두 가지로 정하고 있음을 알 수 있다. 이 두 가지 방향이 이하의 법령의 모든 내용의 방향을 정하는 것이라고 보아야 한다. 따라서 각 법 조항을 읽을 때 이 두 가지 사항을 염두에 두면서 읽을 때 법령 읽기가 달라질 것이라고 생각한다.

## ◉ 제2조 적용범위

제2조(적용범위)를 살펴보자.

> "이 법은 공공기관이 업무와 관련하여 생산·접수한 기록물과 개인 또는 단체가 생산·취득한 기록정보 자료(공공기관이 소유·관리하는 기록정보 자료를 포함한다) 중 국가적으로 보존할 가치가 있다고 인정되는 기록정보 자료 등 공공기록물에 대하여 적용한다."

적용범위에서 '누가'는 두 가지가 나온다. '공공기관'과 '개인 또는 단체'의 두 주체가 있다. 공공기관은 당연히 공적인 업무활동을 하는 기관이므로 공공기록물법의 적용대상이 된다. 여기서 주목할 것은 '공공기관'이 아닌 '개인 또는 단체'가 포함된다는 것이다. 즉, 공공기록물은 반드시 '공공기관'에서 생산된 것만을 의미하지 않는다는 것을 유추할 수 있다. 여기에서 '민간기록물'에 대한 관리의 근거를 확인할 수 있다.

대상인 '무엇'은 '공공기관'의 경우에는 '업무와 관련하여 생산·접수한 기록물'로 규정된다. 즉, 업무와의 관련성이 있어야 하며, 공식적으로 생산되었거나 접수되었어야 함을 전제로 한다. 최근 SNS 등 다양한 소통수단을 의사결정과정에 사용하고 있지만, 현행 법령으로는 기록의 공식성을 보장하지 않기에 관리의 대상으로 포함하지 않는다. 향후 공식적인 생산시스템을 통해서 만들어지지 않은 기록정보라 하더라도, 그것이 의사결정과정에서 사용된 것이라면 '기록'으로 포함시켜야 할지에 대해 지속적인 연구가 있어야 할 것이라고 생각한다.

'개인 또는 단체'인 경우에는 좀 더 복잡한 이해과정을 거쳐야 한다. 우선 '개인 또는 단체'는 일상적으로 공적인 활동을 하는 주체가 아니다. 따라서 공공기록물법의 적용범위에 속하는 대상은 생산하였거나 취득한 기록정보 자료 중 국가적으로 보존할 가치가 있다고 인정되는 기록정보 자료로 한정된다. 즉, 국가적으로 보존할 가치가 있다고 인정되는 기록정보로 한정함으로써 공공기관의 기록정보가 아니지만, 특정한 시기나 사건 등에 대해 공공기록물과 함께, 또는 공공기록물에서 결락된 부분을 보충·보완해 줌으로써 총체적으로 이해할 수 있도록 하는 기록물에 대해 공공기록물법의 관리대상으로 할 수 있다고 보는 것이다. '개인 또는 단체'의 기록 중 공공기록물로 인정하기 위해서는 추가적인 확정과정이 필요하다. 단순히 생각하면 괄호 안에 있는 "공공기관이 소유·관리하는 기록정보 자료"는 출처는 공공기관이 아니지만 민원 등의 형태로 접수된 기록물, 역사기록과 같이 개인 또는 해외로부터 수집되어 공공기관이 관리하게 되는 기록을 공공기록의 범주로 포함하고 있다고 보는 것이다.

물론 위에서 말한 기록을 공공기관의 관리영역 안에 속하는 것으로 보는 것이 맞지만, 뒤따라오는 "국가적으로 보존할 가치가 있다고 인정되는"이라는 말에 주목해야 한다. 모든 기록이 아니라 '개인 또는 단체의 기록 중'이라고 한정을 하고 있다는 점이다. 누가, 어떤 기록을,

어떤 절차를 통해서, 어떻게 국가적으로 보존할 가치가 있다고 '인정' 할 수 있는지, 그렇게 했을 때 이의제기 없이 공공성을 획득하게 되었 다고 말할 수 있는지 면밀한 연구가 필요하다. 즉, 국가적 보존의 필 요성을 가르는 선별평가의 기준이 만들어져야 하고, 지속적으로 수 정·보완되어야 할 필요가 있다.

이와 관련한 부분은 제10장의 민간기록물 등의 수집·관리에서 다 루고 있다. 제10장이 앞서 말한 국가적으로 보존할 가치가 있는 기록 물을 선별평가하는 기준을 다루고 있는지에 대해서는 해당 부분을 다 룰 때 집중적으로 검토하도록 하겠다.

## ◙ 제4조 공무원 등의 의무

제3조는 공공기관, 기록물관리, 기록물관리기관, 영구기록물관리기관 등 이 법의 적용범위에서 다루어야 하는 기록물관리와 관리기관 전반 에 대해 정의하고 있는 부분으로 별도의 설명은 필요 없을 것 같다.

제4조 공무원 등의 의무로 넘어가보자. 총칙 1을 설명하면서 보았 던 표를 다시 확인해보자.

| 제1목적 : 행정의 투명성 | 제2목적 : 안전한 보존 및 효율적 활용 |
|---|---|
| ☞ 제2조 : 공통적용 | |
| ☞ 제4조제1항 : 행위자를 지정 | |
| | ☞ 제4조제2항 : 역할에 주목 |
| ☞ 제5조 : 공통적용 | |
| ☞ 제6조 : 행정의 투명성 확보수단 | |
| | ☞ 제7조 : 어떻게 해야 할지를 규정 |

공무원 등의 의무는 행정의 투명성 측면과 기록물의 안전한 보존 및 활용 측면 모두를 다루고 있다. 제1항에서는 행정의 투명성을, 제2항에서는 기록물의 안전한 보존 및 활용을 말한다. 즉, 제4조는 투명하고 책임있는 행정의 구현은 우선 '모든 공무원과 공공기관의 임직원'에게 기록물을 보호하고 관리할 의무를 부여하는 것으로 시작한다. 이하 기록물관리 절차규정에서 별도의 언급이 없어도 현재 공무원이거나 공공기관의 임직원으로 근무하는 사람이라면 누구나 제4조제1항에서 말한 기록물의 보호와 관리의무를 부여받고 있음을 전제로 한다.

정리하자면

| 누가 | 모든 공무원과 공공기관의 임직원은 |
|---|---|
| 무엇을 | 기록물을 |
| 어떻게 | ① 이 법에서 정하는 바에 따라,<br>② 보호·관리하여야 한다. |

그림과 같은 구조로 되어 읽을 수 있다.

같은 방식으로 제2항을 분석해보면

| 누가 | 공공기관 및 기록물관리기관의 장은 |
|---|---|
| 어떻게 | 적극적으로 노력하여야 한다. |
| 왜 | 기록물이 국민에게 공개되어 활용될 수 있도록 |

과 같이 읽을 수 있다.

문장의 순서를 바꾸어서 읽어보면 좀 더 의미가 명확해진다. "공공기관 및 기록물관리기관의 장은 적극적으로 노력하여야 한다"고 의무

를 부여하는 것으로 읽는다. 무엇을 위해서 노력해야 하는가? "기록물
이 국민에게 공개되어 활용될 수 있도록"하기 위함이라고 목적을 밝
히고 있다. 결국 기록물관리에 대한 공무원 등의 의무는 '국민에게 공
개되어 활용'되도록 하는데 있다고 결론내릴 수 있다.

이렇게 볼 때 제1장 총칙에서 정의하는 기록물관리의 목적은 제4조
에서 드러난다고 생각한다.

### 🔘 제5조 기록물관리의 원칙

제5조는 "공공기관 및 기록물관리기관의 장은 기록물의 생산부터
활용까지의 모든 과정에 걸쳐 진본성(眞本性), 무결성(無缺性), 신뢰성
및 이용가능성이 보장될 수 있도록 관리하여야 한다"라고 하고 있다.

제5조 넘어오면 책임의 범위가 '공공기관 및 기록물관리기관의 장'
으로 집중된다. 4조에서는 "누가?"에 대해 '모든 공무원과 공공기관의
임직원'이라고 하여 보편적인 의무라는 것을 말하였다. 그러나 이런
보편적으로 누구에게나 주어지는 의무는 '병역의 의무'와 같이 대한민
국에서 출생한 남성이라면 특별한 경우가 아니라면 당연히 해야 하는
당위적인 것이다. '납세의 의무'는 어떤가. 소득이 있는 곳에 과세가
있는 것은 당연한 일이다. 우리나라에서 노동, 영업을 통해서 획득한
소득에 대해 정해진 규칙에 따라 세금을 낼 의무가 발생한다.

이런 의무는 모두에게 적용되지만, 제4조와 제5조의 관계처럼 보편
적인 의무로부터 제한적인 범위로 대상이 조정되는 것을 볼 수 있다.
즉, 기록을 생산하는 사람은 당연히 자기가 생산한 기록을 보호하고
관리할 의무가 있다. 그렇지만, 공공기관의 업무는 개인의 사적인 활
동이 아니라 기관의 설립목적, 주어진 기능에 따라 역할을 나누어서

이루어진다. 따라서 최종적인 결과에 대한 책임을 당해 기관의 장이 지는 것이 자연스러운 것이다.

이를 위해서 생산의 단계에서는 공공기관의 장이, 이관된 이후 활용까지의 과정은 기록물관리기관의 장에게 책임이 주어지는 것이다.

제5조를 육하원칙에 따라 읽어보면 다음과 같다.

| | |
|---|---|
| **누가** | 공공기관 및 기록물관리기관의 장 |
| **무엇을** | 기록물의 생산부터 활용까지의 모든 과정에 걸쳐 |
| **어떻게** | 진본성, 무결성, 신뢰성 및 이용가능성이 보장될 수 있도록 |

공공기관 및 기록물관리기관의 장에게 '어떻게'에 해당하는 4대 속성을 기록물이 생산될 때부터 활용될 때까지의 모든 과정에 대해서 반영될 수 있도록 하여야 하는 것이 원칙이라고 제시되었다. 의무라고 하는 것은 호불호에 따라 선택할 수 있는 것이 아니다. 지켜야 하는 것이다. 부당하다고 생각되는 부분은 절차를 거쳐 고쳐가야 한다. 그렇지 않고 의무를 이행하지 않거나 마음대로 바꾸는 것은 질서를 흩뜨려 놓게 된다. 이러한 의무를 적절하게 이행할 수 있도록 하는 의무를 공공기관 및 기록물관리기관의 장에게 원칙으로 법에 반영한 것이라고 보아야 한다.

정리하자면 제5조에서는 보편적 의무의 대상이 '기록물'이라면, 기록물을 대상으로 어떻게 의무를 이행할 수 있도록 해야 하는가 '과정'을 제시함으로써 '실체로서의 기록물'과 '절차로서의 기록물'이 기록물관리의 원칙에서 만나는 것을 보게 된다. 기록물은 이 '실체'와 '절차'가 결합될 때 유의미함을 획득할 수 있다. 이어지는 제6조는 그러면 어떻게 해야 하는가를 말해준다.

## ◙ 제6조 기록물의 전자적 생산·관리

법 제6조(기록물의 전자적 생산·관리) 공공기관 및 기록물관리기관의 장은 기록물이 전자적으로 생산·관리되도록 필요한 조치를 마련하여야 하며, 전자적 형태로 생산되지 아니한 기록물도 전자적으로 관리되도록 노력하여야 한다.

법 제5조에 읽어서 읽어보자.

| | |
|---|---|
| **누가** | 공공기관 및 기록물관리기관의 장 |
| **무엇을** | ① (전자적으로 생산된) 기록물, |
| | ② 전자적 형태로 생산되지 아니한 기록물 |
| **어떻게** | ① 전자적으로 생산·관리되도록, |
| | ② 전자적으로 관리되도록 |

법 제6조에서 역시 행위의 주체는 '공공기관 및 기록물관리기관의 장'이 된다. 생산은 공공기관의 장이, 관리는 기록물관리기관의 장이 역할을 나누어서 담당하는 방식이다. 그렇다면 생산과 관리가 끊어지지 않고 연속적으로 관리가 이루어질 수 있도록 하는 것이 전제가 되어야 한다.

이를 위해서 첫 번째 '무엇을'의 의미는 제3조(정의) 제2호에서 말하는 "공공기관이 업무와 관련하여 생산하거나 접수한 문서·도서·대장·카드·도면·시청각물·전자문서 등 모든 형태의 기록정보 자료"를 말하는 것으로 이해한다. 기록물의 형태를 열거하면서 전자문서를 포함하고 있는데 이것을 다시 제6조에서 '기록물이 전자적으로 생산·관리되도록 필요한 조치를 마련하여야' 하는 어색함이 있지만, 일차적인 모든 형태의 기록물이 전자적으로 생산되도록 만들고, 관리도 전자적으로 하라는 것이 공공기록물법의 취지다. 현대 기록관리에 있어서 일종의 '정언명령'과도 같은 것이라고 이해할 수 있다.

그렇기 때문에 이어지는 두 번째 '무엇을'이 '전자적 형태로 생산되지 아니한 기록물'도 전자적으로 관리되도록 하라는 것으로 연결될 수 있는 것이다. 이미 생산된 것을 되돌려서 전자적으로 할 수는 없으니, 공공기관의 장과 기록물관리기관의 장은 전자적으로 관리할 수 있는 방안을 마련해야 한다.

이때 기록물의 전자적 생산은 공공기관에서, 전자적 관리는 기록물관리기관에서 하는 것을 전제로 하는 것이 아니다. 특히 전자적 형태로 생산되지 않은 기록물의 전자적 관리가 고스란히 기록물관리기관의 책임으로 귀속되는 것은 아니다. 현실적으로는 이분법적으로 나누어서 이해하는 경우가 많이 있는 것 같다. 이러한 이분법적인 사고가 뒤에 살펴보게 될 기록분류체계의 운영이나 기록물 평가에서 처리과의 역할 등에 대한 문제로 나타난다고 생각한다.

비전자기록물의 '전자적 관리'는 비전자기록물을 born-digital처럼 만들어서 관리하라는 의미가 아니다. 기록관리의 통일성, 효율성을 기하기 위해서 비전자기록물의 최소한 목록정보만이라도 디지털화하여 기록정보의 우선 활용을 보장할 수 있도록 하여야 한다. 그리고 단계적으로 비전자기록물을 매체수록 등의 방식으로 전자화해서 전자적 관리를 하도록 하는 방안을 검토할 필요가 있다. 다만, 모든 비전자기록물이 전자화해야 하는 대상인지에 대해서는 의견을 모을 필요가 있다. 기록분류체계가 정비되기 이전, 또 기록물을 생산할 때 임의적으로 이루어진 분류에 의해서 적절하지 않은 보존기간이 부여되어 불필요하게 장기보존하게 된 기록들이 있다. 이들 기록은 메타데이터로서

관리이력정보를 포함하여 목록제공 수준에서 서비스하는 것도 예산과 인력의 낭비를 줄이는 방법이라고 생각한다. 전자적 관리의 방법과 내용을 어떻게 하는 것이 적절한지에 대해서는 공공기관의 장과 기록물관리기관의 장이 협력하여 합리적인 대안을 이끌어내야 한다.

사족을 달자면 법을 읽어나갈 때 무작정 읽어내려가는 방식은 권하지 않는다. 공부를 시작하고 시험을 볼 때가 아니면 법을 꼼꼼히 읽지는 않게 된다. 기록전문가로 일하게 된다고 법을 항상 끼고 살지도 않는다. 업무하면서 필요에 따라 해당되는 법령 조항만 살펴보게 된다. 가끔씩이라도 법령을 나름의 방법대로 요모조모 뜯어보면서 내 것으로 만드는 시간을 가지기를 권해본다.

## ◙ 제7조 기록물관리의 표준화 원칙

법 제7조는 "중앙기록물관리기관의 장은 기록물이 효율적이고 통일적으로 관리·활용될 수 있도록 기록물관리의 표준화를 위한 정책을 수립하여 시행하여야 한다"라고 하고 있다.

법 제7조를 나누어서 읽어보자.

| | |
|---|---|
| **누가** | 중앙기록물관리기관의 장은 |
| **무엇을 1** | 기록물이 |
| **어떻게 1** | ① 효율적이고 |
| | ② 통일적으로 관리·활용될 수 있도록 |
| **무엇을 2** | 기록물관리의 표준화를 위한 |
| **어떻게 2** | 정책을 수립하여 시행하여야 한다. |

법 제7조에서는 행위의 주체가 '중앙기록물관리기관의 장'으로 집중된다.

제4조부터 시작하여 제6조까지 공무원과 공공기관의 임직원과 이들이 속한 기관과 기록물관리기관의 장들이 해야 할 일들이 순차적으로 정의되어 있다. 흐름을 보면 공무원 등의 의무가 먼저 나오고, 그렇다면 어떻게 의무를 준수할 수 있는가에 대해 기록물관리의 원칙을 제시하는 방식으로 배치되어 있다. 제6조는 원칙을 준수하는 수단이자 방법으로 전자적인 방식을 채택함을 말한다. 우리의 일상이 전자화되면서 자연스럽게 전자적 방식의 기록관리로 전환하는 것이 현대 기록관리의 추세를 결정하게 되었다. 그렇다면 어떻게 기록을 전자적으로 관리할 수 있도록 하는가에 대한 초점이 표준화로 드러난다. 전자기록의 생산부터 최종 처분과 활용에 이르기까지 표준화가 되지 않으면, 전자기록 상호 간의 유통이나 종이기록과는 다른 전자기록의 특성을 반영한 진본성의 입증 등에서 심각한 문제가 발생하게 된다.

그런 점에서 제7조에서는 자연스럽게 기록관리의 표준화를 강조하는 것으로 위치하게 되는 것이다. 그렇다면 왜 중앙기록물관리기관의 장에게 표준화의 책임과 권한을 맡겼을까? 표준화의 주체를 중앙기록물관리기관의 장으로 한 것은 '어떻게 1'에서 확인할 수 있는 것처럼 효율적이고 통일적인 관리와 활용을 보장하도록 하려는데 목적이 있음을 알 수 있다. 즉, 기록의 전자적관리를 위해서는 효율성과 통일성이 필요하고, 이것을 중심을 잡고 일관되게 추진할 수 있도록 할 필요가 있다고 본 것이다. 그 중심은 중앙기록물관리기관이 되어야 한다.

따라서 기록의 전자적 관리가 효율적이고, 통일적으로 이루어지도록 하기 위해서 중앙기록물관리기관의 장은 '기록물관리 표준화 정책을 수립하여 시행'하여야 한다. 어떤 경우에는 국제표준을 그대로 한국

표준으로 수용하는 형태로, 또 어떤 경우에는 우리의 전자기록 환경에 부합되도록 새로운 표준이 만들어져야 한다. 각 표준은 독립적이면서 서로 연결될 수밖에 없기 때문에 다양한 전문가의 협업에 기반한 활동이 전제되어야 한다. 즉, 현장의 기록전문가와 시스템 공학의 전문가, 그리고 각각의 표준의 장단점을 이해하고 분석할 수 있는 분석전문가 등이 함께하여야 한다.

종이기록과는 달리 전자기록은 표준이 만들어지고 이것이 시스템에 적용되었을 때, 이전으로 환원하기 어려운 측면이 많다. 우선 시스템을 도입하는데 드는 막대한 비용이 문제가 될 수 있다. 하나의 시스템을 개발해서 모든 기관에 일괄해서 도입하여 사용하게 하는 방식이 있으나 이 방식은 절반의 성공을 한 경험이 있다.

또 시스템의 개발자와 이용자가 사용하는 언어가 다른 경험을 많이 한다. 분명히 같은 용어를 사용하여 회의를 했으나 시스템을 개발하는 사람은 시스템공학적 관점에서 용어를 적용하고, 이용자는 현장 활용의 관점에서 이를 이해한다. 그 과정에서 충분한 대화와 시뮬레이션을 하지 않으면 법령이나 표준의 내용을 기계적으로 적용하여, 시제품인 상태에서는 정상적으로 작동하지만 정작 기관에서 본격적으로 사용하게 되는 시점에는 문제투성이의 시스템으로 될 수도 있다.

다음으로는 시스템 사용자의 환경에 따른 변수도 효율성과 통일성을 저해하는 요소가 될 수 있다. 기록을 생산하고, 등록하며, 관리하고, 처분 및 활용하는 것은 기본적으로 동일한 방식을 유지하지만, 기록의 특성이나 기관 업무의 특성 등에 따라 표준시스템으로는 적용이 안되는 현상들이 발견될 때 어떻게 대응할 것인가를 결정해야 한다. 표준과의 상관성을 고려하면서 일정한 범위를 정하고 그 범위 내에서의 버퍼는 인정할 것인가? 기관에서 어느 정도의 자율성을 갖고 시스템의 수정을 할 수 있도록 할 것인가? 아니면 이러한 문제를 일정 기간 동안 지속적으로 수집하고, 연구 검토하여 표준을 수정하고 패치를 통해서 모든 시스템에 동일한 방식으로 적용하도록 할 것인가가 결정되어야 한다. 두 가지 방식 모두 적용될 수 있으나 중앙기록물관리기관의 결정에 대한 신뢰가 전제되지 않으면 기록관리의 표준화는 '원칙'으로 선언은 되었으나 실제로는 작동하지 않는 상태가 될 것이다.

중앙기록물관리기관이 표준화 정책의 수립과 시행에서 균형을 유지할 수 있도록 국가기록관리위원회와 산하 전문위원회가 자기 역할을 제대로 수행할 수 있도록 강화될 필요가 있다.(법 제15조)

# 제2장 기록물관리기관

## ◙ 제9조 중앙기록물관리기관

공공기록물법 제2장은 기록물관리기관에 대해 규정하고 있다.

제9조(중앙기록물관리기관), 제10조(헌법기관기록물관리기관), 제11조 (지방기록물관리기관), 제13조(기록관), 제14조(특수기록관) 등 5가지 종류의 기록물관리기관이 규정되어 있다.

제9조 제1항의 내용은 다음과 같이 읽어진다.

| 누가 | 행정안전부 장관은 |
| --- | --- |
| 무엇을 | 그 소속으로 영구기록물관리기관을 |
| 어떻게 | 설치·운영하여야 한다. |

| 왜 | ① 기록물관리를 총괄·조정하고, |
|---|---|
|  | ② 기록물을 영구보존·관리하기 위하여 |

중앙기록물기록물관리기관의 성격이 '누가'를 통해서 드러난다. 행정안전부라는 중앙행정기관에 소속되어 있음을 말한다. 초기에 기록관리제도가 만들어질 당시에는 중앙정부에서 총무기능을 담당하는 기관이 모기관으로 있는 것이 긍정적으로 작용한 측면이 있다. 그러나 현재는 행정부에 속한 기관의 소속기관으로서의 한계가 여러 곳에서 지적되고 있고 상당한 타당성을 가진 문제제기도 있다.

물론 행정기관의 산하에 속해있다고 해서 중앙기록물관리기관의 역할을 제대로 수행할 수 없는 것은 아니다. 다른 나라들의 경우에도 사실상 중앙정부로부터 완전히 독립된 형태로 운영되는 National Archive는 거의 없다. 그렇지만, 기록관리에 관한 한 중앙기록물관리기관의 독립성과 전문성을 인정받는 것이 우리가 흔히 말하는 선진국의 모습이다. 독립성과 전문성이 단시간 안에 이루어지지는 않았고, 수많은 우여곡절을 겪었겠지만 한 국가의 정신을 오롯이 기록하고 이를 남기는 역할을 한다는 데에는 의심의 여지가 없다.

대한민국의 National Archive인 국가기록원이 그런 신뢰를 받을 수 있기를 기대한다.

여하튼 현재의 제도에서는 행정안전부의 소속기관인 국가기록원이 '중앙기록물관리기관'으로 설치되어 있다. 현재의 조직형태를 ①부·처·청으로 승격하는 형태, ②정책영역과 집행영역을 분리하여, 정책영역은 합의제 행정기관으로서 위원회가 담당하고, 집행영역은 위원회 소속기구를 두어 영구기록물관리의 집행기능을 담당하는 기관을 설치하는 형태, ③현재처럼 소속기관으로 있지만 책임운영기관으로 하여 일정정도 인사 · 예산 운영에서 독립성을 부여하는 형태 등 몇 가지 방향성에 대해 학계의 주장이 오래전부터 제기되었다. 소속기관으로서 모기관의 우산 아래에 있는 것이 중앙기록물관리기관의 전문성, 독립성, 신뢰성을 높이는 방향으로 작동하지 않는다면 앞에서 제기한 형태들을 포함해서 구체적인 변화를 논의해야 할 때이다.

지금은 과거의 전통적인 텍스트에 기반한 종이기록관리 중심에서 전자기록을 기반으로 한 새로운 방식의 기록관리를 만들어가야 할 때이다. 그리고 새로운 환경에 걸맞게 중앙기록물관리기관이 기능하기 위해서 어떤 형태의 조직이 되어야 하는지 논의를 시작해야 할 때이다.

제2항은 중앙기록물관리기관의 기능에 해당되므로 이 분석에서는 생략한다.

제3항은

| | |
|---|---|
| **누가** | 중앙기록물관리기관의 장은 |
| **무엇을** | 공공기관으로부터 이관받은 기록물을 |
| **어떻게** | 필요한 경우에는 중간 관리시설을 설치 · 운영할 수 있다. |
| **왜** | 효율적으로 관리하기 위하여 |

제3항에서의 키워드는 "필요한"과 "~할 수 있다"이다. 필요하지만 선택적으로 중간 관리시설을 설치할 수 있도록 위임되어 있는 것으로 읽힌다.

　그렇다면 "필요한"에 해당되는 조건은 무엇인가? 시행령 제6조 제2
항으로 가보자.

| | |
|---|---|
| **누가** | 중앙기록물관리기관의 장은 |
| **무엇을** | ① 공공기관으로부터 이관받은 기록물중 |
| | ② 폐지기관으로부터 이관받은 기록물중 |
| **어떻게** | 중간 관리시설을 설치 · 운영할 수 있다. |
| **왜** | 보존기간이 30년 이하인 기록물의 관리를 위해서 |

　법 제9조 제3항과 영 제6조 제2항을 합쳐서 읽어보면, "중앙기록물
관리기관의 장은 공공기관 및 폐지기관으로부터 이관받은 기록물 중
보존기간이 30년 이하인 기록물을 효율적으로 관리하는 것이 필요하
다고 인정하는 경우에는 중간 관리시설을 설치 · 운영할 수 있다"와 같
이 된다.

　"필요"의 판단기준이 명확해야 하는데, 우선은 대상이 보존기간 30년
이하의 기록물로 한정됨을 염두에 두고 생각해야 한다. 우리나라 기
록관리제도의 특색이라고 할 수 있는 부분이 국가기록원이 중앙기록
물관리기관이면서 동시에 영구기록물관리기관의 성격을 지니면서, 영
구보존 대상과 별도의 컬렉션을 거친 기록이 아닌 보존기간을 기준으
로 30년 이상인 기록물을 이관받도록 한다는 점이다. 그런데 중간관
리시설의 필요는 보존기간 30년 이상이 아니라 '30년 이하'를 대상으
로 관리하고 있는 경우로 한정된다는 것이다. 즉, 기한이 정해진 한시
기록물이라고 하더라도 보존기간이 30년 이상인 경우와 30년 이하인
경우에 달리 조치할 수 있도록 한 것이다.

　이는 영구보존기록물을 대상으로 하는 보존시설과 한시보존기록물

을 대상으로 하는 보존시설의 규격이나 운영에서 차이가 있다는 점이 일차적인 고려요소였을 것으로 생각된다. 그러나 불가피하게 공공기관이나 폐지기관으로부터 보존기간 30년 이하인 기록물을 이관받았을 때, 국가기록원에서도 '기록관'과 같은 절차에 따라 기록물을 관리할 필요가 발생하게 된다는 점을 고려하면 중간관리시설의 필요성은 더욱 분명해진다고 하겠다.

여기에서는 두 가지 점만 언급하려고 한다. 첫째, 현재 국가기록원이 보존기간 30년 이하인 기록물의 처리를 위한 기록관에서 업무처리를 할 수 있도록 인력이 배치되고, 업무가 분장되어 있는가 살펴보아야 한다는 점이다. 둘째, 이 부분은 법령 개정의 대상이라고 생각하는데, 일반적으로 국가기록원은 보존기간 30년 이상의 기록물을 이관대상으로 한다. 중간관리시설은 보존기간 30년 이하인 기록물의 관리를 대상으로 한다. '~이상'이나 '~이하'는 모두 '30년'이라는 조건을 포함하고 있다. 따라서 국가기록원이 이관받아야 하는 대상 기록물을 '보존기간 30년을 초과하는 기록물'로 개정하거나, 공공기관 및 폐지기관에서 이관받은 '보존기간 30년 미만인 기록물' 중의 하나로 개정함으로써 중간관리시설의 정체성을 명확하게 할 필요가 있다. 문제는 폐지기관의 기록물도 이관하도록 함으로써 보존기간 10년 이하의 기록물도 포함된다는 점이다. 따라서 이러한 제반사항을 고려하여 중간관리시설이 운영될 수 있도록 하여야 한다.

## 🔘 제10조 헌법기관기록물관리기관

제10조는 국회, 대법원, 헌법재판소 및 중앙선거관리위원회와 같은 헌법기관들에 설치되는 기록물관리기관을 정의하는 조항이다. 헌법에

서는 헌법상 기관으로 국회(제3장), 정부(제4장), 법원(제5장), 헌법재판소(제6장), 선거관리(제7장), 제8장(지방자치) 등으로 영역으로 구분하고 있다. 헌법 제3장부터 제8장까지 각각의 영역이 헌법적 지위를 부여받고 있는 것이다.

공공기록물법에서는 헌법 정신에 따라 여기에 속하는 영역에는 영구기록물관리기관을 설치할 수 있도록 하고 있다. 공공기록물법 제10조는 국회, 대법원, 헌법재판소 및 중앙선거관리위원회 등의 기관들에 대해서, 제11조는 지방자치단체에 둘 수 있는 기록물관리기관에 대해 반영한 것이다. 여기에서는 우선 제10조의 헌법기관에 설치되는 기록물관리기관을 실전읽기의 방식으로 읽어보려고 한다.

제10조 제1항을 실전읽기로 분해해서 읽어보면 다음과 같이 읽힌다.

| | |
|---|---|
| **누가** | 국회, 대법원, 헌법재판소 및 중앙선거관리위원회는 |
| **무엇을 1** | 소관 기록물의 |
| **어떻게 1** | 영구기록물관리기관을 설치 · 운영할 수 있다. |
| **왜** | 영구보존 및 관리를 위하여 |
| | |
| **언제** | 영구기록물관리기관을 설치 · 운영하지 아니할 때에는 |
| **어떻게 2** | 대통령령으로 정하는 바에 따라 |
| **누가 2** | 중앙기록물관리기관에 |
| **무엇을 2** | 소관 기록물의 관리를 |
| **어떻게 3** | 위탁하여야 한다. |

다소 복잡하게 보인다. 왜 그럴까? 한 조항 안에서 임의조항과 의무조항이 함께 들어있기 때문이라고 생각한다.

어떻게 1은 "~할 수 있다"라는 임의조항이다. 어떻게 3은 "~하여야 한다"라고 의무조항으로 되어 있다. 어떻게 1이 우선이지만, 이것은 헌법기관에서 선택적으로 할 수 있도록 하였다. 그런데 헌법기관의 기록물의 장기보존을 위한 관리가 이루어져야 하지만 그렇게 할 수 있도록 갖추지 않으면, 그 책임을 위탁의 형태로 중앙기록물관리기관에게 의무로 부여한 것이다.

삼권분립으로 말해지는 견제와 균형의 장치를 기록관리에서도 동일하게 적용하도록 하지만, 국가전체의 기록관리라는 차원에서 공백이 발생할 여지가 있다면 중앙기록물관리기관이 그 역할을 총체적으로 담당하도록 한 것으로 해석할 수 있다.

이 부분에서 중앙기록물관리기관의 독립성과 중립성이 얼마나 중요한 부분인지 다시금 생각하게 된다. 현대 민주주의를 뒷받침하는 힘은 권력의 독점을 제한하는 것이다. 그런 점에서 헌법기관들은 상호 간의 견제와 균형을 할 수 있도록 하고 있다. 그런데 헌법기관들이 자체적으로 기록물관리기관을 설치하지 않은 경우에, "중앙기록물관리기관"이 위탁의 형태로 해당 기록물을 관리할 수 있도록 한다는 것은 중앙기록물관리기관의 독립성, 신뢰성, 전문성을 전제로 하지 않으면 안 된다. 물론 "위탁"이라는 형태는 본격적인 관리를 의미하지는 않는 제한적인 것이지만, 그럼에도 중앙기록물관리기관이 견지해야 할 자세가 무엇인지를 생각하게 하는 대목이다.

정보의 독점과 이로 인한 권력의 집중이 우려된다면, 중앙기록물관리기관 자체를 행정부, 입법부, 사법부 등으로부터 독립된 헌법상의 기관으로 설치하는 것도 방법이 될 수 있다. 그렇게 함으로써 국가 전체의 기록관리체계를 일관되게 관리할 수 있도록 하는 방안도 전향적으로 검토할 때가 되지 않았는가 생각한다.

제3항은 헌법기관의 기록물관리기관과 중앙기록물관리기관의 관계는 헌법기관 상호 간의 견제와 균형이 아니라 협력적 관계임을 정의하고 있음을 보여준다.

**누가**  헌법기관기록물관리기관의 장은
**어떻게**  중앙기록물관리기관의 장이 협조를 요청하면
**어떻게**  기록물의 효율적 관리를 위하여 필요한 사항에 대하여 협조하여야 한다.
**무엇을**  기록물관리에 대한 ① 표준의 이행과 ② 기록물관리 관련 통계현황 등

헌법기관기록물관리기관과 중앙기록물관리기관의 협력은 제2항 제4호에 기록물의 상호활용 및 보존의 분담이나, 제6호 다른 기록물관리기관과의 연계·협조가 기능으로 포함되어 있으나, 제3항에서 특히 "① 표준의 이행과 ② 기록관리 관련 통계현황" 등에 대한 협조를 말하고 있음을 살펴볼 필요가 있다.

먼저 ① 표준의 이행에 대한 협조는 공공기록물법 제1장에서 살펴본 것처럼 전자적 기록관리를 위해 필요한 조치이다. 헌법기관 별로 전자기록의 생산과 관리에 필요한 조치를 취할 수 있다. 기관의 특성을 반영하여 전자적 기록관리의 틀을 만들어야 한다. 그럼에도 대한민국이라는 가장 큰 범위에서 최소한의 일치가 되어야 할 부분들에 대해서는 중앙기록물관리기관이 협조를 요청할 수 있고, 헌법기관기록물관리기관의 장은 여기에 협력하도록 한 것으로 볼 수 있다.

기록관리 관련 통계현황은 앞선 전자적 기록관리와 인과관계는 아니지만, 기록관리 과정에서 만들어지는 다양한 통계(로데이타 만이

아니라 그것을 통해서 만들어진 2차·3차 데이타 등을 포함)를 국가적인 차원에서 통합하고 관리하기 위해 필요한 조치라고 볼 수 있다. 여기에서 나는 강제적인 이행이 요구보다는 상호 간의 협력을 이끌어내고 중앙기록물관리기관이나 헌법기관기록물관리기관으로만 한정되지 않고 기록물관리를 하는 기관, 단체, 개인이라면 누구나 접근해서 활용할 수 있는 플랫폼이 만들어지면 어떻겠는가 생각해본다.

헌법기관기록물관리기관이 현재는 국가기록관리위원회에 참여(법 제15조)하고 있으나 조직적, 체계적 참여나 국가전체의 기록관리의 방향성을 논의하는 파트너로 참여하고 있다고 보기는 어렵다. 이 부분에 대한 문제는 뒤에 다시 짚어보기로 하자. 여하튼 중앙기록물관리기관의 장은 헌법기관기록물관리기관과 기록물관리에 대한 긴밀한 협력관계를 가져야 함을 공공기록물법 제10조에서 말하고 있는 것으로 이해할 수 있다.

### 📀 제11조 지방기록물관리기관

공공기록물법 제11조는 지방기록물관리기관에 대한 내용을 다루고 있는 조항이다. 헌법기관기록물관리기관과 비교해 볼 때 몇 가지 변수가 개입되면서 대단히 복잡한 조항이 되었다.

"~하여야 한다"와 "~할 수 있다"는 의무와 선택이 중층적으로 반영되어 있다. 특히 "~할 수 있다"의 경우 이행한 경우와 이행하지 않은 경우에 따른 경우의 수까지 고려하면서 읽어야 하는 조항이다.

제11조는 광역자치단체, 광역교육청, 기초자치단체 등을 대상으로 지방기록물관리기관의 설치에 대하여 규정하고 있다.

먼저 광역자치단체에 대해 규정하고 있는 제1항을 살펴보자. "① 특

별시장·광역시장·특별자치시장·도지사 또는 특별자치도지사는 소
관 기록물의 영구보존 및 관리를 위하여 특별시·광역시·특별자치
시·도 또는 특별자치도(이하 "시·도"라 한다)의 조례로 정하는 바에
따라 영구기록물관리기관(이하 "시·도기록물관리기관"이라 한다)을
설치·운영하여야 한다"라고 되어 있다.

　시·도와 시·도기록물관리기관에 대해서만 약어를 사용하고 있기
때문에 편의상 여기에서는 광역자치단체장을 "시·도지사"로 약칭하
겠다.

　제1항을 육하원칙에 따라 읽으면 다음과 같이 읽힌다.

| | |
|---|---|
| **누가** | 시·도지사는 |
| **무엇을** | 소관 기록물의 영구보존 및 관리를 위하여 |
| **어떻게** | 시·도의 조례로 정하는 바에 따라 |
| **한다** | 시·도기록물관리기관을 설치·운영하여야 한다. |

　제2항은 광역교육자치단체에 대한 내용이다. "②특별시·광역시·
특별자치시·도·특별자치도 교육감(이하 "시·도교육감"이라 한다)은
소관 기록물의 영구보존 및 관리를 위하여 시·도의 조례로 정하는
바에 따라 영구기록물관리기관(이하 "시·도교육청기록물관리기관"이
라 한다)을 설치·운영할 수 있다. 이 경우 시·도교육감이 시·도교
육청기록물관리기관을 설치·운영하지 아니할 때에는 대통령령으로
정하는 바에 따라 소관 기록물을 시·도기록물관리기관에 이관하여야
한다"라고 되어 있다.

　제2항을 육하원칙에 따라 읽으면 다음과 같이 읽힌다.

| | |
|---|---|
| **누가** | 시 · 도교육감은 |
| **무엇을** | 소관 기록물의 영구보존 및 관리를 위하여 |
| **어떻게** | 시 · 도의 조례로 정하는 바에 따라 |
| **한다** | 시 · 도교육청기록물관리기관을 설치 · 운영할 수 있다. |
| | |
| **그러나** | 시 · 도교육청기록물관리기관을 설치 · 운영하지 아니할 때에는 |
| **어떻게** | 대통령령으로 정하는 바에 따라 |
| **무엇을** | 소관 기록물을 |
| **한다** | 시 · 도기록물관리기관에 이관하여야 한다. |

제1항에서 시 · 도에는 영구기록물관리기관의 설치가 의무로 되어 있지만, 지금 읽은 제2항에서는 시 · 도교육청의 경우 영구기록물관리기관의 설치를 선택할 수 있도록 하고 있음을 볼 수 있다. 지방자치와 교육자치는 대상이 되는 주민의 측면에서 볼 때 상당히 많은 부분에서 교집합을 갖고 있다. 그러다 보니 지방행정과 교육행정의 차이에도 불구하고 영구기록물관리기관을 설치하는데 이중의 장치를 설정하게 된 것이라고 볼 수 있다. 교육행정기관에 근무하는 이들은 동의하지 않을 수도 있으나 기본적으로 지방행정 안에 교육행정이 포함된다고 생각한다.

제3항은 기초자치단체에 대한 내용이다. "③시장 · 군수 · 구청장(자치구의 구청장을 말한다. 이하 같다)은 소관 기록물의 영구보존 및 관리를 위하여 시 · 군 · 자치구의 조례로 정하는 바에 따라 영구기록물관리기관(이하 "시 · 군 · 구기록물기관리기관"이라 한다)을 설치 · 운영할 수 있다. 이 경우 시장 · 군수 · 구청장이 시 · 군 · 구기록물관리기관

을 설치·운영하지 아니할 때에는 대통령령으로 정하는 바에 따라 소
관 기록물을 시·도기록물관리기관에 이관하여야 한다"라고 되어 있다.

　　제3항을 육하원칙에 따라 읽으면 다음과 같이 읽힌다.

| | |
|---|---|
| **누가** | 시장·군수·구청장은 |
| **한다** | 시·군·구기록물기관리기관을 설치·운영할 수 있다. |
| **한다 2** | 시·도기록물관리기관에 이관하여야 한다. |
| **무엇을** | 소관 기록물의 영구보존 및 관리를 위하여 |
| **어떻게** | 시·군·자치구의 조례로 정하는 바에 따라 |
| | |
| **그러나** | 시·군·구기록물기관리기관을 설치·운영하지 아니할 때에는 |
| **어떻게** | 대통령령으로 정하는 바에 따라 |
| **무엇을** | 소관 기록물을 |

　　제3항의 기본적인 흐름은 제2항과 같다. 이런 상황이 생기는 것은
여러 원인이 있겠지만 자치권의 관점이 반영되어 있기 때문이 아닐까
생각한다. 시·도지사와 마찬가지로 제2항의 시·도교육감과 제3항의
시장·군수·구청장은 지역주민의 투표로 선출되는 선출직 공무원이
다. 형식상 시·도의회에서 다루는 사항과 예산의 상당부분이 시·도
를 거쳐서 책정되고 집행되기 때문에 완전히 독립적인 기관이라 보기
는 어렵지만 자치권을 갖는 기관이기 때문으로 볼 수 있다.

　　최근 청주시나 창원시 등 기초자치단체 차원에서 추진하고 있는 지
방기록물관리기관 설치 움직임에 개인적인 관심을 갖고 지켜보고 있
다. 청주시는 아직 광역자치단체인 충청북도에 지방기록물관리기관이
설치되어 있지 않은 상태에서 시·군·구기록물기관리기관을 설치하

였다. 창원시는 경상남도에 지방기록물관리기관이 설치되어 있는 상태에서 시·군·구기록물기관리기관을 설치하려는 것이다. 따라서 각각의 지방기록물관리기관이 속한 기초자치단체와 광역자치단체 간에 어떤 논의들이 오가는지 살펴보면 향후 다른 지역에서 유사한 상황에 놓일 때에 좋은 참고가 될 수 있을 것으로 생각한다.

　제5항은 지방기록물관리기관의 공동설치에 관한 내용이다. "⑤지방자치단체의 장은 기록물관리를 효율적으로 하기 위하여 필요한 경우에는 대통령령으로 정하는 바에 따라 영구기록물관리기관을 공동으로 설치·운영할 수 있다"라고 하고 있다.

　제5항을 육하원칙에 따라 읽으면 다음과 같이 읽힌다.

| | |
|---|---|
| **누가** | 지방자치단체의 장은 |
| **한다** | 영구기록물관리기관을 설치·운영할 수 있다. |
| **무엇을** | 기록물관리를 효율적으로 하기 위하여 필요한 경우에 |
| **어떻게** | 대통령령으로 정하는 바에 따라 |

　지방기록물관리기관의 공동설치와 관련하여 주목할 부분은 '효율적'이라는 말과 '대통령령'이라고 생각한다. 제1항부터 제3항까지는 모두 개별 지방자치단체의 장(교육감 포함)이 ① 소관 기록물의 영구보존 및 관리를 위하여 필요한 경우에, ② 자치조례로 지방기록물관리기관을 설치할 수 있도록 하고 있다. 그런데 제5항에 와서 공동설치의 경우에는 복수의 자치단체가 ① 기록물관리를 효율적으로 하기 위하여 필요한 경우에, ② 대통령령으로 정하는 바에 따라 지방기록물관리기관을 설치할 수 있도록 하고 있다. 따라서 공동설치의 경우에는 선택

조항이기는 하지만, 시행령 제9조의 규정을 따라야 하는 조건부 조항이라고 할 수 있다. 이때 조건부를 성립시키는 주요한 키가 '효율적 관리'에 있다고 생각한다. '효율성'이라는 것이 대단히 추상적인 단어이지만, 이 부분을 판단하기 위해서는 개별 설치를 할 때보다 효과적인 보존과 활용이 이루어질 수 있다고 평가할 수 있는 도구를 개발하는 연구도 필요하다고 생각한다.

지방기록물관리기관의 공동설치와 관련하여 그다지 중요한 문제는 아니지만, 한 가지 더 생각해봐야 할 부분은 지방기록물관리기관 대상기관 상호간의 결합관계에 대한 문제이다. 제1항은 시·도를 대상으로 한다. 제2항은 시·도교육청을 대상으로 한다. 제3항은 시·군·자치구를 대상으로 한다. 즉 각기 대상이 다른 자치단체를 대상으로 하는 지방기록물관리기관의 설치에 대해 규정하고 있다.

시행령 제9조를 보면 제2항의 시·도교육청을 대상으로 설치·운영하는 시·도교육청기록물관리기관은 공동설치의 대상에 포함하지 않고 있음을 볼 수 있다. 지방기록물관리기관을 공동설치하는 경우는 '시·도'간 또는 '시·군·자치구' 간에만 하도록 하고 있는 것이다.

제1항은 의무조항이다. 제2항과 제3항은 선택조항이다. 제4항은 조건부의 선택조항이다. 제6항은 지방기록물관리기관이 수행해야 할 기능을 정의하고 있다. 제7항에서는 지방기록물관리기관의 설치 시 국가가 일정 범위 내에서 보조할 수 있도록 근거를 둔 조항이다.

제7항은 논란이 많은 조항이기도 하다. 기록물관리가 국가사무인지, 지방사무인지에 따라 국가의 보조에 대한 판단이 달라지기 때문이다.

마지막 제8항은 지방기록물관리기관의 장과 중앙기록물관리기관의 장 간의 협력에 대한 내용이다.

제8항을 육하원칙에 따라 읽으면 다음과 같이 읽힌다.

| | |
|---|---|
| **누가** | 지방기록물관리기관의 장은 |
| **한다** | 중앙기록물관리기관의 장이 요청하면 협조하여야 한다. |
| **무엇을** | 기록물관리에 대한 표준의 이행, 국가위임사무에 관한 기록물의 원본 또는 사본의 이관, 그 밖에 기록물관리 관련 통계현황 등 필요한 사항에 관하여 |
| **왜** | 기록물의 효율적 관리를 위하여 |

　　지방기록물관리기관은 기록물관리 표준, 국가위임사무 관련 기록물의 이관, 기록물관리 통계 등에 대해 협력의 대상이자 주체이다. 왜 대상이면서 주체가 되는가는 행위의 순서에 있다. 즉, 중앙기록물관리기관의 장이 요청하면, 지방기록물관리기관의 장이 협조하는 방식이다. 협조는 강제적이거나 의무가 아니다. 이 협조는 여기에서는 분석에서 생략했지만 제6항의 제6호에 "다른 기록물관리기관과의 연계·협조"의 기능에 해당한다. 기록물관리는 특정 영역, 기관, 단체에서만 이루어지는 것이 아니고 일단 공공영역에서 고르게 법령의 영향을 받는다. 따라서 공공기록물법이 적용되는 기관은 상호 간에 협력해서 기록관리의 발전을 꾀해야 한다. 모든 분야에서 중앙기록물관리기관과의 협력이 필요하겠지만, 그중에서도 위의 세 가지 사항에 대해서는 협력의 필요성을 강조하고 있는 것이라고 보아야 한다.

### ◉ 제13조 기록관, 제14조 특수기록관

　　기록물관리기관 중 제13조는 기록관을, 제14조는 특수기록관을 대상으로 하는 조항이다.

개인적 의견으로는 기록관과 특수기록관을 나누는 것의 실효성이 높지 않다고 판단한다.

따라서 육하원칙으로 법령을 읽을 때 복잡하게 나누어서 읽지 않고 함께 읽는 것을 권한다.

물론 법령의 세부적인 내용으로 들어가서 특수기록관과 관련된 활동의 내용이 약간 상이한 부분이 있으나, 이미 많은 경우에 공공기록물법은 한 조항 안에도 '다만'과 같은 단서조항을 달아서 달리 적용하도록 한 부분이 많이 있다. 그러므로 법령읽기에서 기록관을 기본으로 하면서, 특수기록관에 해당하는 부분은 '다만 ~~'과 같은 방식으로 읽어도 큰 무리가 없다고 생각한다.

다만, 이해의 편의를 위해서 여기에서는 각각 구분하여 분석해보겠다.

제13조(기록관) 제1항은 "공공기관의 기록물을 효율적으로 관리하기 위하여 대통령령으로 정하는 공공기관은 기록관을 설치 · 운영하여야 한다. 다만, 제14조에 따른 특수기록관을 설치 · 운영하는 공공기관의 경우에는 그 공공기관 내에 기록관을 설치할 수 없다"고 되어 있다.

| | |
|---|---|
| **누가** | 대통령령으로 정하는 공공기관은 |
| **한다** | 기록관을 설치 · 운영하여야 한다. |
| **왜** | 공공기관의 기록물을 효율적으로 관리하기 위하여 |

제14조(특수기록관) 제1항은 "통일 · 외교 · 안보 · 수사 · 정보 분야의 기록물을 생산하는 공공기관의 장은 소관 기록물을 장기간 관리하려는

경우에는 중앙기록물관리기관의 장과 협의하여 특수기록관을 설치 · 운영할 수 있다"고 되어 있다.

| 누가 | (○○조건에 해당하는) 공공기관의 장은 |
|---|---|
| 한다 | 특수기록관을 설치 · 운영할 수 있다. |
| 어떻게 | 중앙기록물관리기관의 장과 협의하여 |
| 왜 | 통일 · 외교 · 안보 · 수사 · 정보 분야의 소관 기록물을 장기간 관리하려는 경우 |

기록관과 특수기록관의 차이는 무엇인가? 우선 기록관은 설치의 주체가 법인격인 "공공기관"이다. 반면에 특수기록은 '통일 · 외교 · 안보 · 수사 · 정보 분야'라는 기록물 유형의 범위를 정하고, 해당 기록물이 생산되는 "공공기관의 장"이 주체가 된다. 그 차이는 기록관은 의무적으로 설치해야 대상이고, 특수기록관은 설치를 위한 협의의 대상이기 때문이다. "법인격"은 사람처럼 인격을 가진 존재로 간주하지만, 그 자체가 협상을 할 수는 없으므로 "법인격"의 대표자인 해당 "공공기관의 장"이 협의의 주체가 되는 것이다. 아무튼 특수기록관은 기록관 설치 대상 중에서 제한된 범위내의 일부 기관 중 중앙기록물관리기관의 장과 협의를 통해서 필요성이 있다고 인정되는 경우에 한정하여 설치할 수 있다.

기록관이건 특수기록관이건 기본적인 목표는 해당 기관의 기록물을 효율적으로 관리하는 데 있다. 이는 기록관과 특수기록관에 차이가 없고, 다만 특수기록관에서 생산되는 기록물 중 일부가 국가나 국민의 권익과 관련된 내용을 담고 있어서 제한적으로 다른 방식의 관리를 허용하는 구조로 보아야 한다. 이때 유의해야 하는 것은 특수기록관을 설치할 수 있는 대상기관의 기록물 전체가 해당 기관에서 장기간 보존해야 하는 대상이 되는 것이 아니라는 점이다.

공공기록물법에서 특수기록관을 중앙기록물관리기관의 장과 협의하여 설치할 수 있는 기관은 장기간 관리의 필요성을 입증해야 할 책임이 있다. 문제는 실질적으로 특수기록관의 설치와 관련 협의가 있었는지도 불분명하고, 해당기관에서 장기간 관리해야 할 대상 기록물에 대한 검증도 불충분하다는 점이다. 이들 특수기록관 설치대상 기관의 기록물에 대한 생산현황 관리는 어떻게 이루어지고 있는지, 적절한 시점에 이관이 이루어지고 있는지, 장기간 관리가 필요한 기록물에 대해서는 중앙기록물관리기관과 어떻게 협의가 이루어지고 있는지, 협의된 보존기간이 경과한 이후 해당 기록물은 정상적으로 이관이 되고 있는지, 추가로 이관시기가 연장되는 것은 적절한지 등 이후 공공기록물법에서 살펴보도록 한 부분에 대해 확인과 검토가 필요하다.

여하튼 특수기록관은 '장기간 관리'라는 조건을 충족시켜야 하기에 제2항에서 기록관과는 달리 "시설·장비와 이를 운영하기 위한 전문인력을 갖추어야 한다"고 추가적인 규정을 두고 있다. 기록물의 장기간 보존관리를 담당할 수 있는 보존·관리기술을 갖춘 인력을 배치하는 조건도 맞추어야 한다. 따라서 중앙기록물관리기관은 특수기록관 설치대상 기관의 기록물 중 장기간 관리가 필요한 기록물을 선정하고, 해당 기록물이 적절한 조건하에서 관리가 되고 있는지를 확인하고 점검할 필요가 있다.

# 제3장 국가기록관리위원회

## ◉ 제15조 국가기록관리위원회

국가기록관리위원회는 비상설 자문위원회의 성격을 갖는다. 때문에 사무기구를 둔 상설 위원회로 바꾸어서 기록관리 정책의 개발과 심의에 보다 적극적으로 역할을 해야 한다는 주장이 여러 차례 제기되었다. 조직의 형태, 위원의 구성비율 등에 대해서는 간단하게 말하기 어려우므로 여기에서는 법령에 있는 내용을 중심으로 법령읽기를 해보려 한다.

제1항은 국가기록관리위원회의 기능에 대해서, 제2항과 제3항은 위원회의 구성에 대해서, 제4항은 위원의 임기를, 제5항은 위원의 해임 또는 해촉에 대해, 제6항은 위원회 운영의 기록(회의록)의 관리에 대해, 제7항과 제8항은 위원회 운영을 위한 사무지원과 산하 전문위원회 등의 운영을 규정하고 있다.

제1항부터 제8항까지의 내용을 묶어서 읽어보자.

| | |
|---|---|
| **누가** | 국무총리 소속으로 |
| **한다** | 국가기록관리위원회를 둔다. |
| **어떻게** | 위원장 1명과 부위원장 1명을 포함하여 20명 이내의 위원으로 구성한다. |
| **왜** | 국가 기록물관리에 관한 기본정책의 수립 등의 심의를 위하여 |
| **한다 2** | 위원회 사무를 지원하기 위하여 위원회에 중앙기록물관리기관 소속 공무원으로 간사를 둔다. |

**누가 2**　위원회는
**어떻게 2**　회의록을 작성·보존하여야 한다.

**한다 3**　위원회에 전문위원회나 특별위원회를 둔다.
**왜 3**　위원회의 효율적 운영을 위하여

**누가 3**　국무총리는
**한다 4**　위원을 해임 또는 해촉할 수 있다.
**왜 2**　위원이 직무수행을 할 수 없게 된 경우

다음과 같이 정리된다.

국가기록관리위원회는 국무총리 소속으로 두고, 위원의 구성은 위원장과 부위원장을 포함하여 20명 이내로 구성하며, 위원의 임기는 3년으로 하며, 위원회의 사무를 지원하기 위해 중앙기록물관리기관 소속 공무원 1명을 간사로 둔다.
위원회는 국가 기록물관리에 관한 기본정책의 수립 등의 심의를 하며, 효율적 운영을 위하여 전문위원회나 특별위원회를 두고, 위원회 운영 시 회의록을 작성하여 보존해야 한다.

현재의 국가기록관리위원회의 기능은 제한적으로 사용되고 있다고 보인다. 실제 운영사례는 위원회 홈페이지에서 안건으로 올라와 심의가 된 안건을 분류해보면 좀 더 명확히 이해할 수 있을 것으로 생각한다. 이 부분은 독자의 몫으로 남겨 놓는다.

대부분 위원회의 심의는 중앙기록물관리기관인 국가기록원에서 추진하고 있는 업무를 중심으로 이루어진다. 위원회의 성격상 어쩔 수 없는 것이 아니냐 하는 반론도 있을 수 있다. 그러나 영구기록물관리기관 간의 협력 및 협조와 관련해서 기존에 헌법기관기록물관리기관으로부터 제출된 안건이나 심의된 내용을 찾아보기는 어렵다.

또한 지방기록물관리기관이 서울과 경남 두 곳에 설치되면서 위원으로 참여할 수 있게 되었지만, 본격적으로 지방기록관리의 발전, 즉 기록자치의 측면에서 어떤 것들이 논의되어야 할지에 대해서는 별다른 진전이 없는 듯하다.

비공개 기록물의 이관시기 연장 승인이나 비공개 기간 연장의 경우는 제출된 안건에 대해 특별한 이의제기가 발생하지 않는 한 그대로 의결되는 경우가 많다. 대상 기록물의 특성상 당해 기관에서 적극적인 소명이 이루어져야 하지만 운영상 그렇게 되지 않고 있으며, 이는 위원들의 비공개기록물에 대한 접근제한이나 대상기록물을 직접적으로 확인하여 검토할 수 없는 상황적 한계에 기인한 측면도 있다.

국가기록관리위원회를 국회에 가서 개최한다고 협력이 되는 것이 아니다. 기록물관리기관들은 다른 기록물관리기관들과의 연계·협조를 해야 한다. 그 이유는 반복해서 말하는 것이지만, 기록관리의 공공성은 개별적인 이슈나 특정 영역의 발전만으로 이루어지는 것이 아니다. 일시적으로 변화와 발전이 한 영역에서 이루어질 수 있다. 이것을 공유하고, 나누며, 확산시키는 것이 중요하다. 국가기록관리위원회의 역할은 법령에서 적혀있는 제15조 제1항의 기능으로 한정되는 것이 아니다. 물론 심의기구라는 한계가 있으나, 보고 받고 심의하는 옥상옥의 위치가 아니라 위원회부터 기록관리 현장과 긴밀하게 연계되도록 내려와야 한다.

# 제4장 기록물의 생산

제4장은 기록물 생산의 원칙(제16조)을 밝히고, 이에 따르는 생산의무(제17조)를 규정한다. 실제 기록은 생산, 등록, 분류, 편철 등의 과정을 거치게 되므로 절차적인 내용을 포함(제18조)하여 구성되어 있다.

## ◘ 제16조 기록물 생산의 원칙

먼저 제16조의 기록물 생산의 원칙부터 살펴보자. 제1항은 일반적 원칙을, 제2항은 헌법기관 등에 대한 특례를 정의하고 있다.

제1항은 "공공기관은 효율적이고 책임 있는 업무수행을 위하여 업무의 입안단계부터 종결단계까지 업무수행의 모든 과정 및 결과가 기록물로 생산·관리될 수 있도록 업무과정에 기반한 기록물관리를 위하여 필요한 조치를 마련하여야 한다"라고 하고 있다.

제1항의 내용을 육하원칙에 따라 읽어보자.

| | |
|---|---|
| **누가** | 공공기관은 |
| **한다** | 기록물관리를 위하여 필요한 조치를 마련하여야 한다. |
| **무엇을** | ① 업무의 입안단계부터 종결까지의 업무수행의 모든 과정과 |
| | ② 결과를 |
| **어떻게** | 기록물로 생산·관리될 수 있도록 업무과정에 기반하여 |
| **왜** | 효율적이고 책임 있는 업무수행을 위하여 |

공공기관이 기록물을 생산하는 목적은 '효율적이고 책임있는 업무수행'에 있다고 보는가, 아니면 업무수행의 모든 과정과 결과를 관리

함으로써 '업무과정에 기반한 기록물관리'를 하는 데 있다고 보는가?

어느 부분에 강조점을 두는가에 따라 법령을 읽는 것에 차이가 생길 수 있다. 먼저 효율성과 책임성을 강조하는 경우에는 현재를 중심으로 업무가 이루어지는 데 관심이 두어진다. 따라서 기록의 생산 자체에 치중하고 이는 기록생산시스템(온나라시스템)의 기능 강화 쪽에 더 주력하게 된다. 현재 수행하는 업무를 효율적으로 수행함으로써 책임행정을 구현하기 위해서 필요한 조치가 우선되는 것이다.

이에 비해서 업무과정에 기반한 기록물관리를 강조하는 경우에는 현재 진행되는 업무가 실제 목적에 맞도록 이루어지고 있는지 관계와 맥락의 이해를 도울 수 있는 방안이 포함되어야 한다. 이를 위해서 기록처분일정표로서 단위과제를 만들고, 과제카드에 실제 기록물이 어떻게 편철되는지 등에 대해 관심을 갖는다. 업무과정을 관리한다는 것은 업무의 진행절차를 통제한다는 의미가 아니라 업무를 수행하는 과정에서 발생하는 변수를 최소화하여 기록물이 적절하게 맥락을 갖추어 편철되고 관리될 수 있도록 한다는 의미가 된다.

당초에는 현장에서 이루어지는 기록물의 오분류와 오편철의 문제는 전자기록시대로 들어오면 감소될 것으로 예측했었다. 사전에 단위과제를 설정하고, 과제카드를 맞춤형으로 만들어서 편철한다는 것이 현재 기록의 생산단계에서 적용되는 방식이다. 그러나 현실적으로 전자기록생산시스템을 갖춘 기관들에서 어느 정도 수준의 오분류와 오편철이 이루어지고 있는지 정확한 데이터를 산출하는 것이 곤란한 상황이라고 생각된다.

기록물의 생산과 관련해서 기록의 출처별 원칙이나 원질서 존중의 원칙이 과연 실제적인 원리로서 우리나라의 기록관리에 적용될 수 있는 것인지 짚어볼 부분이 있다고 생각한다.

## 📀 제17조 주요 기록물의 생산의무

　공공기록물법의 적용을 하는 과정에서 논란도 많고, 어려움도 큰 부분이 제17조 주요 기록물의 생산의무에 대한 부분이다. 시행령에서 정의하고는 있으나 '주요 기록물'이 무엇을 말하는지 명확하게 정의되기 어려운 경우가 많으며, 기록관리기준표의 단위과제를 적용하다보면 '주요 기록물'의 범주에 속하지 않는 기록물까지 해당 범주로 묶여서 불필요하게 보존기간을 과도하게 적용받게 되는 문제가 생기는 등 어려움이 많이 발생한다. 그러다보니 논란도 많고, 해석에 대해 서로 상충되는 의견이 종종 제기되는 부분이다.

　제1항은 조사 · 연구 또는 검토보고서의 생산과 관련해서, 제2항은 회의록의 생산과 관련해서, 제3항은 시청각기록물의 생산과 관련하여 규정되어 있다. 제4항은 영구기록물관리기관의 장이 필요하다고 판단하는 경우의 생산의무 적용에 대한 내용으로 별도로 다루어질 수 있다.

　제1항부터 제3항까지를 연속해서 육하원칙에 따라 읽어보자.

　제1항이다.

| | |
|---|---|
| **누가** | 공공기관은 |
| **한다** | 기록물로 생산하여야 한다. |
| **어떻게** | 대통령령으로 정하는 바에 따라 |
| **무엇을** | 주요 정책 또는 사업 등을 추진하는 과정에서 조사 · 연구 또는 검토한 내용 및 결과 등 |

　제2항이다.

| 누가 | 공공기관은 |
|---|---|
| 한다 1 | 작성하여야 한다. |
| 어떻게 1 | 대통령령으로 정하는 바에 따라 |
| 무엇을 1 | 주요 회의의 회의록, 속기록 또는 녹음기록을 |
| 한다 2 | 공개하지 아니할 수 있다. |
| 어떻게 2 | 대통령령으로 정하는 기간 동안 |
| 무엇을 2 | 속기록 또는 녹음기록을 |
| 왜 | 기록물의 원활한 생산 및 보호를 위하여 |

제3항이다.

| 누가 | 공공기관은 |
|---|---|
| 한다 | 생산하여야 한다. |
| 어떻게 | 대통령령으로 정하는 바에 따라 |
| 무엇을 | 주요 업무수행과 관련된 시청각 기록물 등을 |

제1항부터 제3항의 주체는 모두 공공기관으로 기록물 유형에 따라 생산하고, 작성해야 하는 의무를 부과하고 있다. 대상은 '주요 업무'로 국가적인 중요도나 기관의 핵심업무로 관련 기록을 남길 필요가 있는 것으로, 생산의 절차는 대통령령으로 정하는 바에 따르도록 하였다. 즉, 법률에서는 정의를 하고 실제 행위는 시행령에 따르도록 하는데, 시행령의 적용단계에서 유연하게 할 수 있는 방법을 고민할 필요가 있다.

생산의무대상을 별도로 정한 것은 시행령 제16조를 통해서 법령의 강력한 실현 의지의 표현이라고 할 수도 있으나, 그만큼 문서형 기록이 아닌 기록에 대한 생산과 관리가 부실했음을 의미하는 것이라고 할 수 있다. 그런데 이 제도가 도입된 20여 년의 시간 동안 관련 기록의 생산이 잘 되고 있는지 검증하고 검토할 때가 되었다고 생각한다. 여러 원인이 있을 것이고, 하나의 원인에 의해서만 문제가 생겼다고는 생각하지 않는다.

그러나 현재의 공공기록물법은 기록물관리에 대한 일반법이면서 동시에 실행법령으로 사용되고 있다. 일반법으로서 공공기록물법은 적어도 공공영역 모두를 포함하는 법령의 내용을 가져야 한다. 당연히 추상성이 높을 수밖에 없다. 추상성이 높아지면 해석의 여지가 많이 생기게 되는데, 그동안에는 해석의 단계에서 유연함보다는 원칙의 강조가 좀 더 우세했었다고 생각한다. 초기에 제도를 빠른 속도로 안정화시키기 위해서는 보수적인 접근이 불가피한 선택이었다고 생각한다.

시간이 지나면서 공공영역에서 기록관리의 환경은 많은 변화를 겪었다. 그러나 여전히 공공기록물법은 일반법인 상태로 있다. 여기에서 법령과 현실 세계의 적용간의 괴리가 본격적으로 나타나게 된 것은 아닐까 생각한다. 공공영역이 모두 하나의 덩어리가 아님을 고려할 때, 공공기록물법은 현재와 같이 일반법의 형태를 유지하되 좀 더 간소화하고, 시행령 단위에서 공공영역을 유형이나 성격별로, 또는 새로운 기록관리를 반영하여 세분하거나 분법의 방식으로 유연성을 높일 필요가 있다고 생각한다.

## ▣ 제18조 기록물의 등록·분류·편철 등

제18조는 기록물의 생산과 관련한 의무와 예외를 동시에 규정하고

있는 조항이다.

제18조는 "공공기관은 업무수행 과정에서 기록물을 생산하거나 접수하였을 때에는 대통령령으로 정하는 바에 따라 그 기록물의 등록·분류·편철 등에 필요한 조치를 하여야 한다. 다만, 기록물의 특성상 그 등록·분류·편철 등의 방식을 달리 적용할 필요가 있다고 인정되는 수사·재판 관련 기록물의 경우에는 관계 중앙행정기관의 장이 중앙기록물관리기관의 장과 협의하여 따로 정할 수 있다"라고 하고 있다.

제18조는 두 가지로 나누어서 읽어야 한다. 먼저 전반부의 내용이다.

| 누가 | 공공기관은 |
|---|---|
| 한다 | 기록물의 등록·분류·편철 등에 필요한 조치를 하여야 한다. |
| 언제 | 업무수행 과정에서 기록물을 생산하거나 접수하였을 때 |
| 어떻게 | 대통령령으로 정하는 바에 따라 |

보편적 기록관리의 상황에서는 기록을 관리하는 시점이 중요하다. 공공기관은 전체 업무를 수행하는 과정 중에서 '기록물을 생산하거나 접수하였을 때'라는 시점이 기록관리가 출발하는 지점으로 보아야 한다.

기록의 발생설이나 탑재설―개인적인 용어이므로 학술적 용어와 혼돈이 없기를 바란다―과 같이 어느 시점부터, 어떤 형식을 갖추었을 때 기록으로 보아야 하는가에 대해서는 논란의 여지가 있을 수 있다. 여하튼 법령을 읽을 때에는 '기록물을 생산하거나 접수하였을 때'라는 시점을 밝히고 있음을 기억해야 한다.

이 시점은 전자기록시대인 현재를 기준으로 보았을 대, 생산기록물의 경우 적어도 법적으로는 결재권자(전결권자)의 결재가 이루어져서 생산시스템에서 고유한 등록번호를 부여받은 때를 말한다고 본다. 여기에서 문제가 되는 것은 메모보고와 같이 특정 결재경로가 존재하지 않거나, 모두가 대상인 경우에도 기록으로서의 효력을 갖는가에 대한 부분이다. 물론 현재는 메모보고 정보를 포함해서 관리가 이루어지고 있지만, 기록은 행정의 효율성뿐만 아니라 행정의 결과에 대한 책임성과 신뢰성, 증빙성 등을 모두 포함해서 고려해야 한다는 점에서 추후 논쟁의 여지가 생길 수 있는 기록정보를 포함한다고 볼 수 있다.

접수기록물의 경우 전자기록생산시스템으로 접수되었을 때—즉 시스템에 도달되었을 때를 포함—를 기준으로 기록관리가 이루어져야 함을 의미한다고 본다. 즉 A기관으로부터 B기관으로 기록물을 보냈을 때, 시스템의 오류가 발생하지 않고 정상적으로 통신이 이루어진 경우 B시스템에서 이를 받는 순간부터 관리가 이루어져야 한다는 것이다. 사람이 인지할 수 없는 시간에 시스템에서 송신자와 수신자의 정보, 시점정보 등 관련된 메타가 만들어지고 이 정보가 이후의 관리에까지 승계되어 확인될 수 있어야 한다.

다음 제18조 후반부 단서조항의 내용이다.

| 누가 | 관계 중앙행정기관의 장은 |
|---|---|
| 한다 | 등록 · 분류 · 편철 등의 방식을 따로 정할 수 있다. |
| 무엇을 | 기록물의 특성상 방식을 달리 적용할 필요가 있다고 인정되는 수사 · 재판 관련 기록물의 경우 |
| 어떻게 | 중앙기록물관리기관의 장과 협의하여 |

특수기록관과 일부 관련이 되는 부분으로 이해할 수 있으나 특수기

록관은 통일·외교·안보·수사·정보 분야의 기록물을 생산하는 기관이고, 제18조 단서조항의 경우 수사·재판과 관련하여 등록·분류·편철 등의 방식을 일반기록물과 달리할 수밖에 없는 경우로 한정하고 있다. 따라서 모든 특수기록관이 등록·분류·편철 등의 방식을 달리할 수 있다고 보아서는 안된다.

다만, 앞으로 다루어지겠지만 행정정보데이터세트와 같이 기존의 일률적 방식으로 적용하기 어려운 유형의 기록집단에 대해서는 별도의 정의와 관리절차를 마련할 필요가 있다. 행정정보데이터세트에 대한 논의는 2010년대 초반부터 이미 시작되었으나 그동안 크게 진척이 없었다가 최근에 등록과 관리방법 등이 법령에 반영되면서 조금은 구체화되고 있는 것으로 보인다. 하지만, 단일한 표준 프레임 안에서 일부 예외적인 사항들을 반영해가면서 운영할 수 있었던 텍스트형 기록을 중심으로 한 전자기록생산시스템 환경과는 다른 류의 기록정보에 대해서는 범 기록공동체 차원에서 연구와 협의가 필요하다고 생각한다. 또 이 부분은 IT기술분야와 밀접하게 협력하며 소통하지 않으면 안된다는 점도 고려해야 한다고 본다.

# 제5장 기록물의 관리

제4장의 기록물의 생산이 공공기관에서의 활동을 중심으로 이루어지는 것이었다면, 제5장 기록물의 관리는 기록관 등 기록물관리기관을 중심으로 기록관리의 실천적 활동을 포함하는 영역을 다루고 있다.

주의 깊은 독자는 이미 느꼈겠지만, 제16조(기록물의 생산의 원칙) 제1항, 제17조(주요 기록물의 생산의무) 제1항부터 제3항까지, 제18조

(기록물의 등록·분류·편철 등)에서 행위의 주체는 공공기관이라는 사실이다. 자연스러운 모습이다. 만드는 곳이 있어야 관리가 이루어질 수 있다. 기록을 만드는 곳은 공공기관이다. 공공기관은 행정의 효율성, 투명성 등을 목적으로 기관에게 부여된 목적을 달성하기 위해 조직과 인력·예산을 배분받아 활동을 한다. 기관의 활동의 결과는 기록되어야 한다.

자연스럽게, 이어지는 제5장의 경우 기록물의 관리의 주체가 넓은 의미에서 기록물관리기관이라 할 수 있지만, 관리활동의 대상과 내용에 따라 제각기 다르기 때문에 주의 깊게 읽어내려가야 한다.

현재 공공기록물법은 업무활동과 관련하여 생산하였거나 접수한 것에 초점이 맞추어져 있다. 기록관리가 트렌드를 따라가는 것이 옳은지에 대해서는 논의가 필요하다고 본다. 그러나 현재는 코로나 이전부터 시작된 4차 산업혁명의 물결이 코로나로 인하여 급격하게 확산되는 과정에 있다. 이때 가장 중요하게 다루어지는 분야 중의 하나가 데이터(정보)를 누가 획득하고, 이것을 어떻게 저장하며, 활용하도록 하는가에 있다고 본다.

각국 정부가 자국의 정보를 보호하기 위해 최선의 노력을 다하는 모습도 그런 배경하에서 취해지는 조치라고 할 수 있다. 트럼프가 취했었던 중국 화웨이에 대한 조치들, 지금 중국 정부가 미국 자본시장에 상장한 중국계 플랫폼 기업을 향한 규제들, 양상은 조금 다르지만 우리 정부에서 취해지고 있는 플랫폼 기업에 대한 모습들을 보면 그것이 단순히 산업생태계만의 문제가 아니기 때문이라고 생각한다.

큰 틀에서 기록의 '생산-관리-보존-처분/활용'이라는 관점에서 관리가 이루어지는 영역은 지속적으로 축소되고, 이 모든 것이 동시다발적으로 발생하는 상황이 앞으로는 더 빈번해지고, 그 대상이 확대될 것으로 생각된다.

4차 산업혁명은 산업생태계만 변화시키는 것이 아니라 우리의 삶의 형태도 변화시키고 있다. 정부는 이러한 생태계가 우리사회의 지속적 성장을 위한 모멘텀을 만들기 위해 노력하고 있다. 이미 만들어진, 그래서 변경할 수 없는 고정된 기록을 중심으로 관리해오던 지금까지의 기록관리의 방식이 앞으로도 유효한 방식일 수 있을지 고민해야 한다.

물론 논문들에서 일부 그런 논의가 시작되고 있으나, 나타난 현상을 놓고 분석해가는 방식으로 따라가서는 놓치고 가는 기록이 끊임없이 발생할 우려가 있다고 생각한다. 앞으로 어떤 방향으로 갈지 알 수는 없으나 예측가능한 상황들을 염두에 두고 몇 가지 시나리오를 만들어보고, 그 시나리오들을 적용했을 때 각각의 기대되는 효과와 문제점들, 그리고 개선할 수 있는 부분이 어떤 것들이 있는지 전향적으로 논의가 시작되어야 한다.

제5장 기록물의 관리를 읽어가기 전에 현재 우리가 놓여 있는 상황을 잠깐 먼저 살펴볼 필요가 있다고 생각해서 약간의 사족을 삽입했다.

## ◉ 제19조 기록물의 관리 등

법 제19조의 기록물의 관리는 시행령의 제5장 대부분과 직간접적으로 관련된다. 제19조는 크게 네 가지 영역을 포함하고 있다. 첫째 기록물의 분류(제1항), 둘째 기록물의 이관(제2항부터 제6항), 셋째 생산현황통보(제7항), 넷째 기록관리 상태점검(제8항 및 제9항) 등이다. 제1항부터 제8항까지 각항은 각각 시행령 제5장의 내용과 연결되어 있다.

법령을 법률−시행령−시행규칙의 3단비교표 형식을 통해서 읽는 경우가 많은데, 이것은 법률의 선언과 시행령으로 위임된 적용을 위한 절차, 그리고 시행규칙의 적용(서식이나 절차)의 관계를 일목요연하게 이해하기 위해서다. 실전적 법령 읽기에서는 더욱 필요한 부분이라고 할 수 있다. 그렇지만 3단 비교를 통한 읽기는 별도의 공간에서 진행하기로 하고, 여기에서는 법률 제19조의 각 항의 내용을 육하원칙에 맞추어서 읽는 것으로 한정하겠다.

제19조의 첫 번째 영역인 기록물의 분류에 대해 살펴보자. 제1항 "공공기관은 대통령령으로 정하는 바에 따라 기록물의 보존기간, 공개 여부, 비밀 여부 및 접근권한 등을 분류하여 관리하여야 한다."

| | |
|---|---|
| **누가** | 공공기관은 |
| **한다** | (기록물을) 분류하여 관리하여야 한다. |
| **무엇을** | 기록물의 보존기간, 공개 여부, 비밀 여부 및 접근권한 등을 |
| **어떻게** | 대통령령으로 정하는 바에 따라 |

제1항에서는 "기록물의 분류"에 대한 의무와 위임이 제시되어 있다. 공공기관은 기록물을 분류하여 관리할 의무가 있다. 그 의무를 어떻게 수행할 것인가를 시행령으로 위임하고 있다. 이때 의무의 대상으로 시행령에서 구체적으로 다루어야 하는 것이 기록물의 보존기간, 공개 여부, 비밀 여부 및 접근권한 등에 대한 분류이다. 단지 분류에만 그치지 않고, 분류된 기록물을 관리하는 것까지가 위임의 범위 안에 포함된다.

제2항은 "공공기관은 대통령령으로 정하는 기간 이내에 기록물을 관할 기록관 또는 특수기록관으로 이관하여야 한다. 다만, 관할 기록

관 또는 특수기록관이 설치되지 아니한 공공기관의 경우에는 대통령
령으로 정하는 바에 따라 공공기관의 장이 지정하는 부서로 기록물을
이관하여야 한다"라고 하고 있다.

| | |
|---|---|
| **누가 1** | 공공기관은 |
| **언제** | (대통령령으로 정하는) 기간 이내에 |
| **어디서 1** | (공공기관으로부터) 기록관 또는 특수기록관으로 |
| **무엇을** | (기록물을) |
| **어떻게 한다** | 이관하여야 한다. |
| | |
| **누가 2** | (관할 기록관 또는 특수기록관 미설치 기관은) |
| **언제** | (대통령령으로 정하는) 기간 이내에 |
| **어디서 2** | (공공기관으로부터) 대통령령으로 정하는 바에 따라 공공기관의 장이 지정하는 부서로 |
| **무엇을** | (기록물을) |
| **어떻게 한다** | 이관하여야 한다. |

　　제2항에서는 "기록물의 이관"에 대한 의무와 위임이 제시되어 있다.
공공기관은 기록물을 계속해서 보존할 수 없다. 시행령에서 정한 기
간의 범위 이내에서 한정적으로 생산 또는 접수한 기록물을 이관하여
야 한다. 공공기관이 기록물을 이관받을 수 있는 대상은 ① 기록관(제
13조), ② 특수기록관(제14조), ③ 기록물관리기관이 설치되지 않은 경
우에는 공공기관의 장이 지정하는 부서의 세 가지 중 하나에 속한다.
여기서 유의해야 할 포인트는 '정해진 기간 이내'라는 점과 '기록물관
리기관(부서)'이 기록물의 이관의 주체가 된다는 점이다.
　　또 하나 단서조항의 "대통령령으로 정하는 바"가 어디까지를 받는

것인지 살펴보아야 한다. "공공기관의 장이 지정하는 부서"까지를 받는 것인지, "이관하여야 한다"는 문장의 끝까지 받는 것인지에 따라 해석이 달라질 수 있다. 부서까지로 받는 경우에는 공공기관의 장이 지정하는 부서를 정하는 절차나 방법 등 내용이 시행령에 반영되어 있는지 확인해봐야 한다. 이 경우에는 이관의 방법은 제2항의 본문에서 말하는 대통령으로 정한 기간 이내에 하면 된다. 반면에 "대통령령으로 정하는 바"가 문장의 끝까지 수식한다고 보면 이관의 절차나 방법도 달리 정할 수 있는 것으로 볼 수 있고, 그런 예외사항이 시행령 단위에서 허용되고 있는지를 확인해봐야 한다.

제3항은 "기록관이나 특수기록관은 보존기간이 30년 이상으로 분류된 기록물을 대통령령으로 정하는 기간이내에 관할 영구기록물관리기관으로 이관하여야 한다"라고 하고 있다.

| **누가** | 기록관이나 특수기록관은 |
| **언제** | 대통령령으로 정하는 기간 이내에 |
| **어디서** | (기록관이나 특수기록관으로부터) 관할 영구기록물관리기관으로 |
| **무엇을** | 보존기간이 30년 이상으로 분류된 기록물을 |
| **한다** | (기록물을) 이관하여야 한다. |

제3항은 제2항에서 공공기관으로부터 기록물을 이관받은 기록관 등이 보유하고 있는 "보존기간이 30년 이상으로 분류된 기록물의 이관"에 대한 의무와 위임이 제시되어 있다. 원론적으로 말해서 기록관 등 기록물관리기관이 보유하고 있는 보존기간 30년 이상의 기록물은 관할 영구기록물관리기관으로 이관되어야 한다. 그런데 제2항의 단서

조항에 나오는 '관할'의 기록물관리기관이 없는 공공기관이 보유하고 있는 보존기간 30년 이상으로 분류된 기록물의 이관은 어떻게 해야 하는지 유의해서 살펴볼 필요가 있다. 물론 제3항은 기록물관리기관으로 한정해서 읽으면 무리없이 '관할 영구기록물관리기관'으로 대상이 되는 기록물을 이관하는 것으로 끝이다. 그러나 제2항에서 단서 조항을 두어 별도의 부서에 지정하여 관리하도록 하는 예외를 두었는데 제3항에서는 이에 대한 별다른 설명이 없다.

그렇다면 두 가지의 해석이 가능하다. 첫 번째는 따로 언급하지는 않았지만 해당 공공기관의 장이 정한 부서가 기록물관리기관의 기능을 수행하므로, 기록관 등과 같이 보존기간 30년 이상의 기록물은 관할 영구기록물관리기관으로 이관한다고 해석하는 것이다. 두 번째는 제2항 단서 조항에 해당하는 기관은 별도의 언급이 없으므로 관할 영구기록물관리기관으로 이관할 필요가 없다고 해석하는 것이다. 물론 시행령을 포함해서 꼼꼼히 읽으면 어느 부분에 해당하는지 이해할 수 있으나, 법률의 내용만을 놓고 보면 의문이 들게 되어 있다. 여하튼 제2항과 제3항에서 말하는 이관을 통해서 기록물의 3단계 관리체계를 설명할 수 있다.

제5항은 "특수기록관은 제3항에도 불구하고 소관 비공개 기록물의 이관시기를 생산연도 종료 후 30년까지 연장할 수 있으며, 30년이 지난 후에도 업무수행에 사용할 필요가 있는 경우에는 대통령령으로 정

하는 바에 따라 중앙기록물관리기관의 장에게 이관시기 연장을 요청할 수 있다"라고 하고 있다.

| | |
|---|---|
| **누가** | 특수기록관은 |
| **무엇을** | 소관 비공개 기록물(을) |
| **한다 1** | 이관시기를 생산연도 종료 후 30년까지 연장할 수 있다. |
| **왜** | 제3항에도 불구하고 30년이 지난 후에도 업무수행에 사용할 필요가 있는 경우에 |
| **어떻게** | 대통령령으로 정하는 바에 따라 |
| **한다 2** | 중앙기록물관리기관의 장에게 이관시기 연장을 요청할 수 있다. |

제5항은 제3항의 단서조항으로 특수기록관에만 한정해서 적용해야 하는 이관의 특례에 해당한다고 보아야 한다. 제5항을 생각의 흐름에 따라 문장을 재구성해서 읽는 것이 이해하는데 훨씬 효과적이다. 생각의 흐름대로 문장을 재구성해보면 다음과 같이 읽을 수 있다.

> 특수기록관은 보존기간 30년 이상으로 분류된 소관 비공개 기록물을 대통령령으로 정한 기간 이내에 이관하여야 하나 생산연도 종료 후 30년까지 연장할 수 있으며, 30년이 지난 후에도 업무수행에 사용할 필요가 있는 경우에는 대통령령으로 정하는 바에 따라 중앙기록물관리기관의 장에게 이관시기 연장을 요청하여, 이관시기를 생산연도 종료 후 30년 이상으로 연장할 수 있다.

문장이 다소 길어졌지만, 보존기간 30년 이상의 기록물 중 비공개 기록물은 '업무수행에 사용할 필요가 있음'을 사유로 '중앙기록물관리기관의 장'에게 이관시기 연장을 요청하여, 30년 이내의 범위에서 이관해야 하는 시기를 유예받을 수 있다는 의미다. 대상은 '비공개 기록물'이며, 조건은 '업무수행에 사용할 필요가 있어야 하고', 중앙기록물관리기관의 장에게 요청한다는 말은 '사전에 협의절차를 밟아야 한다'는 것을 의미한다. 따라서 특수기록관의 모든 기록물이 이관연기의 대상이 되는 것이 아니며, 비공개 기록물의 경우에도 사전에 협의를 통해서 이관시기가 연장된 기록물로 한정된다고 보아야 한다. 이관연장의 사유가 명확한 기록물을 어떻게 판단할 것인지에 대한 기준의 마련과 이를 위한 검토가 필요하다.

제6항은 "국가정보원장은 제5항에도 불구하고 소관 비공개 기록물의 이관시기를 생산연도 종료 후 50년까지 연장할 수 있으며, 공개될 경우 국가안전보장에 중대한 지장을 줄 것이 예상되는 정보 업무 관련 기록물의 이관시기는 대통령령으로 정하는 바에 따라 중앙기록물관리기관의 장과 협의하여 따로 정할 수 있다"라고 하고 있다.

| | |
|---|---|
| **누가** | 국가정보원장은 |
| **무엇을** | 소관 비공개 기록물(을) |
| **한다 1** | 이관시기를 생산연도 종료 후 50년까지 연장할 수 있다. |
| **왜** | 공개될 경우 국가안전보장에 중대한 지장을 줄 것이 예상되는 정보 업무 관련 기록물 |
| **어떻게** | 대통령령으로 정하는 바에 따라 |
| **한다 2** | 중앙기록물관리기관의 장과 협의하여 따로 정할 수 있다. |

제6항은 단서의 단서조항이라고 할 수 있다. 제5항이 제3항의 단서조항이라면, 제6항은 제5항의 단서조항이 된다. 따라서 문장의 분석구

조는 유사한 형태를 지닌다. 다만, 제4항은 "특수기록관"이 요청의 주체였다면, 제6항은 "국가기록원장"이 주체가 된다. 이를 통해서 제6항을 별도로 두는 것은 국가정보원을 다른 특수기록관 설치대상과 성격상 차이가 있다고 간주하는 것으로 해석할 수 있다.

그 연장선상에서 제6항을 읽어야 한다. 국가정보원의 비공개기록물은 최장 50년까지 이관시기를 연장할 수 있다. 주의해서 살펴볼 부분은 모든 국가정보원의 비공개기록물이 아니고, 모두 50년까지 연장되는 것이 아니라는 점이다. 첫째, "공개될 경우 국가안전보장에 중대한 지장을 줄 것이 예상되는 정보 업무 관련 기록물"로 한정된다는 것이다. 둘째, 첫째와 관련된 기록물의 이관시기를 중앙기록물관리기관의 장과 협의하여 "따로" 정할 수 있도록 하였다는 것이다.

제6항을 위의 두 가지 조건을 염두에 두고 생각의 흐름대로 재구성하면 다음과 같이 읽을 수 있다.

> 국가정보원장은 공개될 경우 국가안전보장에 중대한 지장이 있을 것으로 예상되는 정보 업무 관련 기록물 중 이관시기의 연장이 필요한 기록물들을 대상으로 해당 기록물의 내용과 성격을 고려하여 대통령령으로 정하는 바에 따라 중앙기록물관리기관의 장과 협의하여 최대 50년까지 이관시기를 따로 (각각) 정할 수 있다.

현실적으로 국가정보원의 기록물이 중앙기록물관리기관으로 법령에 따라 절차를 밟아서 이관연장 조치가 취해지거나 보존기간이 경과한 기록물이 제대로 이관되었는지 확인하기 쉽지 않았다. 이는 법령의 문제라기보다는 법령을 작동시키기 위한 국가정보원과 중앙기록물관리기관인 국가기록원의 의지가 부족했기 때문이다. 최근 국가정보원이 체질개선을 적극적으로 하고 있음을 대통령의 지시나 국가정보원장의 의지표명 등이 언론보도를 통해서 확인된다. 국가안전보장이라는 중요한 기능을 수행하는 기관의 기록물이므로 다른 행정기관의 기록물과 동일한 눈높이에서 다루지 않고, 일부 예외를 적용할 필요가 있다는 점에는 동의한다. 그러나 국가정보원도 대한민국을 구성하는 중요한 국가기관이므로, 이 기관의 기록물도 적극적이고, 체계적으로 관리되어야 한다. 현재는 법령에서 정한 것대로 생산현황통보나 이관이 어렵다고 하더라도, 그 내부에서 기록물이 제대로 관리될 수 있기를 바라고, 그렇게 되고 있을 것으로 믿는다.

제19조의 세 번째 영역인 생산현황통보에 대해 살펴보자. 제7항은 "공공기관은 기록물의 원활한 수집 및 이관을 위하여 대통령령으로 정하는 바에 따라 매년 기록물의 생산현황을 관할 기록물관리기관에 통보하여야 한다. 이 경우 중앙행정기관의 소속 기관에 기록관 또는 특수기록관을 설치하였을 때에는 중앙행정기관의 기록관 또는 특수기록관이 그 생산현황을 취합하여 중앙기록물관리기관에 통보하여야 한다"라고 하고 있다.

| 누가 | 공공기관은 |
| 무엇을 1 | 기록물의 생산현황을 |
| 한다 1 | 관할 기록물관리기관에 통보하여야 한다. |
| 왜 | 기록물의 원활한 수집 및 이관을 위하여 |
| 누가 2 | 중앙행정기관의 기록관 또는 특수기록관이 |
| 언제 | 중앙행정기관의 소속 기관에 기록관 또는 특수기록관을 설치하였을 때에는 |

**무엇을 2** 소속 기관에 설치된 기록관 또는 특수기록관의 기록물 생산현황을
**한다 2** 중앙기록물관리기관에 통보하여야 한다.

생산현황통보제도는 공공기관의 기록물의 파악을 위한 우리나라의 독특한 제도이다. 기본적인 생산현황통보는 제3항의 이관의 그림과 같은 모습을 가진다. 공공기관(처리과)에서 생산 및 접수한 기록물 전체에 대한 현황을 취합하여 기록관으로 취합하고, 이를 다시 소관 영구기록물관리기관으로 통합하는 절차를 따른다. 즉, 기관 단위로 취합하여 기관 내부의 기록정보로 활용하고, 영구기록물관리기관 단위로 취합하여 소관의 기록정보를 통해서 전반적인 기록관리의 기초자료로 이용하는 구조다.

여기서 중앙행정기관의 경우는 개별 기록관으로 취합된 정보를 각각 소관 영구기록물관리기관인 중앙기록물관리기관으로 직접 통보하지 않고, 모기관인 중앙행정기관이 소속 특별지방행정기관 등에 설치된 (특수)기록관이 취합하여 중앙기록물관리기관으로 통보하도록 하였다. 이는 생산현황통보의 목적이 당해 기관 내의 기록정보의 종합이라는 측면에서 볼 때 본부 따로, 소속기관 따로 관리하는 것이 적절하지 않기 때문이라고 할 수 있다. 또한 생산현황정보는 향후의 기록물의 이관 및 정리 등 전체적인 관리를 위한 인력, 시설, 장비, 예산 등의 수립을 위한 자료를 산출하는 기초정보가 된다. 따라서 당해 기관 내에 관련 정보의 취합 및 중앙기록물관리기관으로 통보하는 과정에 중앙행정기관에 설치되는 (특수)기록관의 중심되는 역할을 하도록 한 것이라고 보아야 한다.

공공기록물법에서는 아직 다루고 있지 않지만 중앙행정기관에서 취합하여 관리하는 생산현황통보 정보를 관할의 공기업 등 공공기관까지 확장시키는 방안에 대해서도 검토가 필요하다고 생각한다. 공기업 등은 정부의 기능 일부를 위임받아 운영하는 기관이다. 적어도 매년 재정경제부에서 고시하는 기관 정도는 상급기관인 중앙행정기관에서 직접 기록관리와 관련된 역할을 담당하도록 하는 것이 적절하지 않을까 생각한다. 이를 위해서는 제13조와 제14조의 (특수)기록관의 기능의 확장과 이를 운영할 수 있는 조직, 인력에 대한 모델의 마련이 논의되어야 한다.

생산현황취합은 단순히 몇 건의 기록이 생산되어 단위과제카드로 만들어졌는지를 카운트 하는 것이 아니다. 통계적으로 필요한 부분은 이미 시스템을 통해서 얼마든지 처리가 가능하다. 통계를 넘어서 기관에서 생산되는 기록의 유형과 내용, 기록 상호 간의 맥락정보 등을 종합적이고 폭넓게 분석할 수 있는 기반을 마련하는 것이 필요하다.

기록관의 설치 규모와 방식의 다양성을 이전보다 개방적으로 전환한 상태에서 개별 기록관이 좀 더 체계적으로 기관의 기록관리를 이행할 수 있도록 하는 방안의 모색이 필요하다고 생각한다.

제19조의 네 번째 영역인 기록관리 상태점검에 대해 살펴보자. 기록관리 상태점검은 제8항과 제9항에 걸쳐서 읽는 것이 편하다.

제8항은 "중앙기록물관리기관의 장은 공공기관 기록물의 관리 상태를 정기적으로 또는 수시로 점검하여야 하며, 필요한 경우 시정 조치를 요구할 수 있다. 다만, 국가정보원의 소관 기록물에 대하여는 국가정보원장과 협의하여 그 방법 및 절차 등을 따로 정할 수 있다"라고 하고 있다.

제9항은 "제8항 본문에 따른 시정 조치의 요구를 받은 공공기관의 장은 특별한 사유가 없으면 이에 따라야 하며, 그 처리 결과를 중앙기록물관리기관의 장에게 통보하여야 한다"라고 하고 있다.

제8항과 제9항은 주고받는 구조로 되어 있다.

| | |
|---|---|
| **누가 1** | 중앙기록물관리기관의 장은 |
| **한다 1** | 점검하여야 한다. |
| **한다 2** | (필요한 경우) 시정 조치를 요구할 수 있다. |
| **무엇을 1** | 공공기관 기록물의 관리 상태를 |
| **언제** | 정기적으로 또는 수시로 |
| | |
| **누가 2** | 공공기관의 장은 |
| **무엇을 2** | 시정 조치의 요구를 받은 (점검의 결과에 대해) |
| **한다 3** | 따라야 하며, 중앙기록물관리기관에 통보하여야 한다. |

국가정보원은 제6항에서 국가안전보장 등의 사유로 기록물 이관시기를 조정할 수 있음을 살펴보았다. 국가정보원은 국가보안시설이라는 특성을 감안하여 통상의 절차와 방법에 따라 해당 시설과 관리상태에 대한 점검을 하기 어렵다는 점을 감안하여 협의를 통해 따로 정할 수 있도록 한 것으로 이해할 수 있다.

기록관리 상태점검의 진행절차를 살펴보면 다음과 같이 진행된다
고 볼 수 있다.

> 실태점검계획수립 ⇒ 대상기관통보 ⇒ 점검실시 ⇒ 점검결과의 통보(시정
> 이 필요한 사항이 있는 경우 시정요구 포함) [중앙기록물관리기관] ⇒ 시정
> 계획 수립·통보(단기간 조치 가능한 것은 조치결과를, 장기간 소요되는
> 사항은 조치계획을 포함) [공공기관] ⇒ 시정조치 요청사항의 모니터링(일
> 정주기를 갖고 이행상황 확인) [중앙기록물관리기관]

여기서 기록관리 상태점검이 중앙기록물관리기관에만 부여되어 있
음을 확인할 수 있다. 현재 법령의 구조대로라면 "다른 기록물관리기
관과의 연계·협조"라는 기능을 활용하는 방안을 우선 검토해야 하겠
지만, 장기적으로는 영구기록물관리기관들이 증가하면 관할하는 범위
안에 속하는 기록관의 기록물에 대한 점검을 협조의 방식이 아니라
자체적으로 처리할 수 있도록 법령의 개정을 검토할 필요도 있다고
본다.

중앙기록물관리기관과 각 영구기록물관리기관들이 공통적으로 점
검해야 할 기준을 결정하고, 나머지는 기관별, 지역별, 유형별 특성에
따라 가감하여 점검을 실시하는 것이 보다 효과적일 것으로 생각된다.
중앙기록물관리기관은 전체적인 기록관리의 종합정보를 관리할 수 있
도록 이를 취합하여 관리하는 기능을 유지하도록 하면 직접 지도점검
하지 않지만 전체적인 관리 상태를 이해할 수 있을 것으로 생각된다.

가능하다면 제19조 전체에서 다룬 네 가지, 첫째 기록물의 분류(제1항),
둘째 기록물의 이관(제2항부터 제6항), 셋째 생산현황통보(제7항), 넷
째 기록관리 상태점검(제8항 및 제9항) 등의 정보를 서로 공유하고 이
용할 수 있도록 하는 플랫폼이 만들어지면 어떨까 생각해 본다.

## ▣ 제19조의2 기록물의 무단 은닉 등의 금지

제19조의2의 내용은 "누구든지 기록물을 무단으로 손상·은닉·멸실 또는 유출하거나 국외로 반출해서는 아니 된다"고 규정하고 있다.

제19조의2는 바람직한 기록관리가 이루어지도록 하기 위해서 해서는 안되는 내용을 담고 있다. 기록관리는 일상의 업무 가운데에서 자연스럽게 이루어져야 한다. 공공기관의 종사자는 자신의 업무에 대해 법과 근거에 따른 행동을 해야 하지만, 소신있는 판단과 책임있는 결정을 통해서 업무의 결과가 조직과 국가 그리고 국민의 삶의 질이 향상되도록 해야 한다. 여기에서 각각의 업무담당자가 맡은 업무의 질적 차이는 고려하지 않는다. 모든 업무가 필요한 일이고, 그 일을 맡은 이상 책임있는 업무가 이루어지도록 해야 한다.

제19조의2는 2019년 12월 3일 법령개정으로 신설된 내용이다. 법령개정사유에 특별한 설명이 언급되어 있지 않아 왜 이 조항이 신설되었는지를 미루어 판단할 수밖에 없다. 법 제50조 이하에 벌칙조항이 있지만, 제19조에서 기록물관리의 근간이 되는 분류, 이관, 생산, 점검 등을 다루고 있다는 점을 염두에 둔다면, 벌칙의 대상이 되는 내용은 앞의 제19조에서 언급한 활동의 결과가 침해받지 않도록 해야 한다는 선언을 사전에 밝히는 의미가 있다고 볼 수 있다. 이 선언을 위반한 결과에 대한 책임을 제50조 이하의 벌칙조항을 통해서 위반자가 받도록 하는 구조로 되었다고 이해된다.

육하원칙에 따라 읽어보자.

| 누가 | 누구든지 |
| 한다 | (~해서는) 안 된다. |

**무엇을** 기록물을 무단으로 손상·은닉·멸실 또는 유출하거나 국외로 반출

"누구든지"라는 말에 주목해서 살펴보자. 적용의 대상이 통상 공공기관이나 공공기관의 장 또는 기록물관리기관이나 기록물관리기관의 장 등으로 제한이 되지만, 제19조의2에는 대상에 제한이 없다. 대상에 제한을 두지 않았다는 것은 법령의 1차적 적용범위인 공공영역에 속한 개인이나 기관이 모두 포함된다는 의미다. 즉 "무단으로 손상·은닉·멸실 또는 유출하거나 국외로 반출"하는 행위가 의도된 것이었건, 비의도 즉 비자발적인 결과로 이루어진 것이건 발생해서는 안 된다는 의미다.

손상, 은닉, 멸실, 유출, 국외반출은 비자발적으로 우연히 일어나기 어려운 일이다. 이 중에서 손상이나 멸실은 실수로 발생할 개연성이 있으나, 실질적으로는 거의 일어나지 않는다고 생각한다. 감사나 실태점검 등을 해보면 어떻게든 기록을 찾을 수 있다는 경험을 한다. 그리고 전자기록으로 생산의 중심축이 옮겨간 이후에는 더더욱 시스템에서 데이터베이스를 손대지 않는 이상 실수에 의한 손상이나 멸실은 거의 발생하지 않는다고 할 수 있다.

그러나 이에 비해 유출이나 대외반출과 같은 행위는 과거보다 용이해졌다고 할 수 있다. 물론 실제적으로 그런 일이 증가했다는 의미는 아니다. 전자기록의 반복적인 복제가 가능해지고, 원본과 사본의 구분이 명확하게 판단하기 어려운 상황에서, 또 기록을 만들면서 최종 결과물이 만들어지기까지의 과정에서 나오는 여러 버전의 기록정보가 뒤섞여 있을 가능성이 높다. 이 중 최종적으로 관리시스템에 등록된 것이 기록물로 남게 된다. 그렇다고 중간에 작성하고, 검토하며, 수정

되었던 것은 기록이 아니다라고 단정적으로 말하기는 어렵다.

오늘의 우리는 기록의 정의를 새롭게 해야 할 시점에 이르렀다. 이 법이 만들어질 당시와 비교했을 때 현재 공공기록물법 제3조에서 정의하고 있는 기록물의 정의가 적어도 '공공영역'에서는 여전히 유효한지, 개념을 추가하거나 확장시켜야 하는 부분은 없는지, 아니면 아예 새롭게 정의를 해야 할지 등에 대해 본격적으로 논의가 이루어져야 한다. 2019년 국가기록원에서 기록관리 이슈페이퍼를 통해 기록의 개념에 대한 문제제기가 던져졌으나, 본격적으로 이에 대한 논의가 진행되고 있지는 않는 것으로 보인다.

## ◼ 제20조 전자기록물의 관리

제20조는 제1항 전자기록관리체계의 구축에 관한 사항과 제2항 기록물의 전자적 관리에 필요한 사항을 대통령령에 위임하는 내용으로 구성되어 있다.

제1항은 "중앙기록물관리기관의 장은 컴퓨터 등의 정보처리장치에 의하여 생산·관리되는 기록정보 자료(이하 "전자기록물"이라 한다)의 안전하고 체계적인 관리 및 활용 등을 위하여 다음 각 호의 사항을 포함하는 전자기록물 관리체계를 구축·운영하여야 한다.

1. 전자기록물 관리시스템의 기능·규격·관리항목·보존포맷(기록물 보존을 위한 파일형식을 말한다) 및 매체 등 관리 표준화에 관한 사항
2. 기록물관리기관의 전자기록물 데이터 공유 및 통합 검색·활용에 관한 사항

3. 전자기록물의 진본성 유지를 위한 데이터 관리체계에 관한 사항
4. 행정전자서명 등 인증기록의 보존·활용 등에 관한 사항
5. 기록물관리기관 간 기록물의 전자적 연계·활용 체계 구축에 관한 사항
6. 전자기록물의 생산포맷(기록물 생산을 위한 파일형식을 말한다) 및 소프트웨어 등에 관한 기술정보의 수집·활용에 관한 사항"이라고 하고 있다.

육하원칙에 따라 읽어보자.

| 누가 | 중앙기록물관리기관의 장은 |
|---|---|
| 한다 | (1호~6호의 사항을 포함하는) 전자기록물 관리체계를 구축·운영하여야 한다. |
| 무엇을 | (전자기록물인) 컴퓨터 등의 정보처리장치에 의하여 생산·관리되는 기록정보 자료 |
| 왜 | 안전하고 체계적인 관리 및 활용 등을 위하여 |

전자기록물 관리체계를 구축·운영할 책임이 중앙기록물관리기관의 장에게 있음을 밝히고 있다.

이때 관리체계의 범위가 어디까지인지 생각해볼 필요가 있다. 전자기록생산시스템부터 포함되는 것인지, 이관받아 관리가 이루어지는 기록관리시스템부터 이루어지는 것인지 하는 문제다. 기록관리가 정상적으로 이루어지기 위해서는 생산될 때부터 기록정보가 정확하게 반영되어야 한다. 그런 의미에서 본다면 생산단계부터 관리체계의 구축에 중앙기록물관리기관의 장이 참여하여야 한다. 그러나 현실은 생산시스템의 경우 기관의 조직관리나 정보화담당관 쪽에서 주도권을

쥐고 있는 경우가 많다. 더구나 생산시스템이 몇 가지 형태로 단순화 되면서 기관별로 일부 기능을 달리하는 경우가 있기는 하지만 상당부 분 유사한 형태의 시스템으로 운영되고 있다. 그러나 기록관리 측면 에서 볼 때 생산시스템의 미세한 변화가 향후 기록관리에 크게 영향 을 줄 수도 있으므로 항상 유의해서 볼 필요가 있다.

전자기록 관리의 어려움 중 하나가 데이터와 데이터가 전송될 때 정확한 규격이 약속된 대로 움직여야 한다는 것이다. 그런데 표준규 격에 맞지 않는 데이터가 생산되면 데이터의 부분 또는 전부가 기록 관리 영역에서 포착되지 않고 누락될 소지가 있다. 이 경우 관리할 수 없는 정보를 만든 것이 문제가 되는 것인지, 그런 문제가 발생할 것을 사전에 예측하고 미리 준비하지 못한 것이 문제가 될지 분쟁의 여지 가 발생한다.

문제는 이러한 소소한 변화들이 종종 생기고 있고, 실제 기록물의 생산현황을 파악하거나 이관을 할 때 작지 않은 어려움을 겪게 만드 는 원인이 되고 있다. 현실적으로 각급 기관에서 발생하는 생산시스 템의 변화과정을 일일이 모니터링하는 것은 쉬운 일이 아니다. 설사 모니터링이 된다고 하더라도, 각각의 시스템에 대한 정보가 기록관리 체계에 부합될지 여부를 분석하고, 해당 시스템의 개선에 반영되도록 하는 것은 쉽지 않다. 결국은 사후적으로 생산현황취합이나 이관시점 이 도래했을 때 문제점을 확인하고 해결해야 하는 사후관리의 형태가 되는데 이 경우 상당한 비용이 발생하고, 기록정보의 유실이 발생하 는 경험을 하기도 한다.

중앙기록물관리관의 장이 기록물관리를 총괄적으로 책임지는 위치 에 있으니 전자기록의 관리체계 구축에 대한 책임도 갖고 있음은 명 백하다. 그러나 생산단계를 제어할 수 없는 상태에서 사후적인 관리

방식으로 발생하는 문제를 누락없이 해결할 수는 없다. 설사 그렇게 할 수 있다고 하더라도 처음부터 제대로 생산되도록 하는 것보다 처리하는데 소요되는 비용이 비교할 수 없을 정도로 크다.

전자기록은 표준에 근거에서 만들어지고, 유통되며, 관리가 이루어진다. 따라서 기록생산시스템과 관련된 표준부터 현재의 수준보다 더 많은 영역에서 중앙기록물관리기관이 참여할 수 있도록 보장되어야 한다.

또한 기록, 정보, 데이터, 정보공개 등 중복되기도 하고 부분적으로 겹치거나 연계되어서 처리되어야 하는 부분의 법령을 개정하거나 할 때, 적어도 중앙기록물관리기관에서 참여할 수 있도록 하여야 한다.

법령과 시스템의 초기부터 중앙기록물관리기관에서 참여함으로써 앞단에서 이루어지는 행위는 각각의 필요에 의해서 설계되고 만들어지지만, 그렇게 해서 만들어진 기록정보를 수용하여 관리할 수 있도록 하는 협력체계를 구축하는 것이 필요하다.

모든 조직은 각자의 책임과 역할이 있고, 그에 따라 업무를 수행한다. 제1항에서 중앙기록물관리기관의 장에게 부여된 의무는 혼자 할 수 있는 일이 많지 않음을 기억해야 한다. 물론 기록관리 표준, 시스템 간 연계표준 등 다양한 활동을 하고 있지만 유관 법령이나 시스템 개편 등에서 언급한 문제들이 해결되지 않는다면, 중앙기록물관리기관의 역할은 제한적인 범위 안에 머무르는 한계 속에 갇히고 말 것이다.

## ◉ 제20조의2 전자기록물 기술정보의 관리

제20조를 보완하는 수단으로 전자기록물 기술정보를 중앙기록물관리기관이 취합할 수 있도록 근거를 마련한 조항이다. 제20조의2는 공

공기관이 기록물생산포맷 등 전자기록물 관련 정보를 중앙기록물관리 기관에 제출하도록 하고, 이렇게 제출된 정보를 장기간 활용관리할 수 있는 대책마련에 대한 내용이다.

제1항은 "공공기관의 장은 제20조제1항제6호*에 따른 전자기록물의 기술정보를 대통령령으로 정하는 바에 따라 관리하고 중앙기록물관리기관에 제출하여야 한다"라고 하고, 제2항에서 "중앙기록물관리기관의 장은 전자기록물을 장기간 보존하고 활용할 수 있도록 제1항에 따른 기술정보의 관리기준과 수집·활용 등에 관한 대책을 마련하여야 한다"라고 하였다.

제1항에서는 공공기관이 지켜야 할 사항을, 제2항에서는 중앙기록물관리기관이 취해야 할 조치에 대해서 규정하고 있다.

이를 육하원칙에 따라 읽어보자.

**누가 1**  공공기관의 장은
**한다 1**  중앙기록물관리기관에 제출하여야 한다.
**무엇을 1**  제20조제1항제6호[전자기록물의 생산포맷(기록물 생산을 위한 파일형식을 말한다) 및 소프트웨어 등에 관한 기술정보의 수집·활용에 관한 사항]에 따른 전자기록물의 기술정보를
**어떻게 1**  대통령령으로 정하는 바에 따라 관리하고

**누가 2**  중앙기록물관리기관의 장은
**한다 2**  대책을 마련하여야 한다.

---

* 전자기록물의 생산포맷(기록물 생산을 위한 파일형식을 말한다) 및 소프트웨어 등에 관한 기술정보의 수집·활용에 관한 사항.

제2항 부분을 먼저 읽어보면 "전자기록물을 장기간 보존하고 활용할 수 있도록 중앙기록물관리기관의 장은 전자기록물의 생산포맷 및 소프트웨어 등에 관한 기술정보의 관리기준과 수집·활용 등에 관한 대책을 마련하여야 하며, 공공기관의 장은 대통령령에 따라 이들 정보를 관리하고 중앙기록물관리기관에 제출하여야 한다"라고 재구성해 볼 수 있다.

제20조에서 전자기록물 관리체계의 실무적 적용사항을 여섯 가지로 언급하였으나, 기록물의 전자적 관리가 지속적으로 유지되기 위한 핵심적인 사항을 "기술정보의 관리"라고 이해하고 있는 것이라고 추정할 수 있다.

전자기록이 갖는 핸디캡의 하나가 동일한 프로그램이라도 버전에 따라 가독성이 떨어지거나 심한 경우 파일의 내용을 식별할 수 없는 경우도 있다는 점이다. 기술정보의 관리는 일정한 기준을 갖고 공공기관에서 생산된 기록정보에 적용된 소프트웨어 등 관련 기술정보를 정확하게 파악하여 장기간 관리가 가능한 기반을 마련하려는 의도라고 볼 수 있다. 가능한 소프트웨어 의존도를 줄이는 방법이 강구되어야 할 것이다. 어도비사에서 제공하는 PDF와 같은 형식으로 변환하는 것이 대안이 될 수는 있으나, 모든 소프트웨어(엑셀 등)에 적용할 수 없다는 단점과 함께, 독점이 될 경우 지금은 무상으로 제공되는 서비스가 언제 유료화 될지 알 수 없는 일이다.

장기적 관점에서 기록정보가 시스템 또는 소프트웨어에 대한 종속성을 최소화할 수 있는 방안에 대한 연구와 대책마련이 필요하다고 생각한다. 그런 점에서 제20조의2는 최근에 개정된 법령 중 시의성 있는 내용을 담고 있다고 생각한다. 다만, 이런 개정의 내용이 효과를 가져 올 수 있도록 체계적인 소프트웨어 정보의 수집, 관련 소프트웨어를 구동할 수 있는 체계의 마련, 시스템 종속성을 최소화하기 위한 방안의 마련 등 후속 연구가 계속될 필요가 있다고 본다. 이 분야는 기록관리 영역에서만 필요한 것은 아니라고 생각한다. 국가적 차원에서 유관분야 간의 협동 연구가 필요하다.

### ◙ 제21조 중요 기록물의 이중보존

제21조는 중요기록물의 이중보존에 대해 다루고 있다. 대상은 영구보존 기록물이며, 이 중 이중보존된 기록물에 대해 중앙기록물관리기관이 사본을 이관받아 분산보존 조치를 실시할 수 있도록 한 내용이다. 제1항은 이중보존의 일반기준에 대해서, 제2항은 기록물관리기관이 취해야 하는 사항에 대해서, 제3항은 중앙기록물관리기관의 역할에 대해서 점층법의 형식으로 다루고 있음을 볼 수 있다.

제1항의 내용부터 육하원칙에 따라 읽어보자.

제1항은 "영구보존으로 분류된 기록물 중 중요한 기록물은 복제본을 제작하여 보존하거나 보존매체에 수록하는 등의 방법으로 이중보존하는 것을 원칙으로 한다"라고 되어 있다.

**무엇을 1** 영구보존으로 분류된 기록물 중

| 무엇을 2 | 중요한 기록물은 |
|---|---|
| 한다 | 이중보존하는 것을 원칙으로 한다. |
| 어떻게 | 복제본을 제작하여 보존하거나 보존매체에 수록하는 등의 방법으로 |

제1항에서는 행위자로서의 주어는 없으나 목적어는 있다. 영구보존 대상 기록물 중 '중요한 기록물'이라는 한정적인 범위가 주어지지만, 대상을 특정할 수 있다. 즉, 중요한 기록물은 이중보존하는 것을 원칙으로 하는데, 이때의 우선적 기준은 영구보존으로 분류된 것이어야 하며, 이중보존의 방법은 복제본을 제작하거나 보존매체에 수록하는 등의 조치를 취하도록 하였다. 행위자가 명확하게 제시되어 있지는 않으나 뒤이은 제2항에서 기록물관리기관을, 제3항에서 중앙기록물관리기관을 말함으로써 실질적인 행위자가 누구인지를 알 수 있다.

제2항은 "기록물관리기관이 보존하는 기록물 중 보존매체에 수록된 중요 기록물은 안전한 분산 보존을 위하여 대통령령으로 정하는 바에 따라 그 기록물의 보존매체 사본을 중앙기록물관리기관에 송부하여야 한다"라고 하고 있다.

| 누가 | (기록물관리기관은) |
|---|---|
| 한다 | 기록물의 보존매체 사본을 중앙기록물관리기관에 송부하여야 한다. |
| 무엇을 | 기록물관리기관이 보존하는 기록물 중 보존매체에 수록된 중요 기록물은 |
| 왜 | 안전한 분산 보존을 위하여 |

중요기록물의 안전한 분산 보존을 위한 행위는 기관 대 기관의 영역에서 이루어지는 일이다. 때문에 이를 위해서 시행령(제52조)에서 생산현황통보의 시기와 절차, 이관을 위한 협상의 시기와 절차 등을 다루고 있다.

제3항은 "중앙기록물관리기관의 장은 국가적으로 보존할 가치가 있는 기록물에 대하여는 기록물관리기관에 그 기록물을 보존매체에 수록하고 보존매체 사본을 송부하여 줄 것을 요청할 수 있다"라고 하고 있다.

| | |
|---|---|
| **누가** | 중앙기록물관리기관의 장은 |
| **한다** | (기록물관리기관에) 기록물을 보존매체에 수록하고 보존매체 사본을 송부하여 줄 것을 요청할 수 있다. |
| **무엇을** | 국가적으로 보존할 가치가 있는 기록물에 대하여 |

제2항은 기록물관리기관이 능동적으로 중요기록물을 보존매체에 수록하고 안전한 분산보존을 위하여 중앙기록물관리기관에 송부해야 하는 방식으로 기술하고 있다. 제3항에 오면 중앙기록물관리기관의 장이 판단할 때, 국가적으로 보존할 가치가 있는 기록물에 대해 기록물관리기관에 대해서 보존매체 수록 및 해당 사본의 송부를 요청할 수 있다고 기술하고 있다. 요약하면 이중보존 대상의 선정은 ① 기관에서 생산한 영구 기록물 중에서 기관이 선정하는 방식과, ② 중앙기록물관리기관의 장이 대상으로 선정하는 방식으로 구분된다. 관련 기록을 선정하기 위해서는 생산현황통보가 중요한 역할을 하게 되는데, 생산된 기록물의 정보가 정확해야 이중보존의 대상이 되는지 여부를 판단할 수 있는 것이다.

여기서 한 가지 짚고 넘어가야 할 사항은 원칙적으로 영구보존 대상 기록물은 국가적으로 국민의 신분 및 재산에 대한 권리, 국정운영의 중요한 과정과 결과를 이해할 수 있는 기록물로 중앙기록물관리기관으로 이관되어야 하는 기록물이다. 따라서 이중보존이 굳이 필요한가 하는 질문을 할 수 있다.

우선 이중보존의 시점에 대한 문제를 확인해야 한다. 법령에서는 언제 이중보존을 위해 매체수록을 해야 한다고 말하지 않는다. 따라서 제1항에서 말하는 '영구보존으로 분류된 기록물 중 중요한 기록물'이라는 부분에 주목할 필요가 있다. 영구보존으로 분류되는 것은 가장 빠른 시점은 업무수행을 반영한 기능이 갖는 중요성이 기관의 핵심업무로서 영구보존대상으로 단위과제를 설정할 때부터 정해질 수 있다. 일반적으로는 매년 기록물정리기간을 거치면서 해당 업무의 단위과제가 영구로 확정되는 시점이 된다. 가장 늦은 시점은 기록물의 가치평가를 통해 보존기간이 조정되는 경우를 상정할 수 있겠으나 일단 대상이 영구보존이 필요한 것임을 전제로 할 때 이 가능성은 제외하고 생각해보자. 통상 영구보존 대상 기록물의 이관시점은 생산이 종료된 연도를 기점으로 10년 뒤에 이루어진다. 따라서 위의 두 가지 경우에 해당하는 기록물 중 이관시기가 도래하기 전에 '중요한 기록물'을 우선적으로 이중보존하여 사본을—원본이 아니라—우선해서 송부하도록 한 것이라고 할 수 있다.

다음으로 살펴볼 부분은 개별 영구기록물관리기관의 경우에는 어떻게 하는가 하는 점이다. 헌법기관기록물관리기관이나 지방기록물관리기관 등 자체적으로 기록물을 영구보존하는 영구기록물관리기관의 경우에도 '국가적으로 보존할 가치가 있는 기록물'에 한정해서 중앙기록물관리기관의 협조 요청에 응하여 관련 기록물의 사본을 송부해야

한다. 이는 '국가적'인 관리의 필요성과 각급 기록물관리기관의 기능
에 반영되어 있는 상호간의 연계·협력의 차원에서 이해할 수 있다.

　이중보존의 경우에도 평가대상의 선정과 방법, 절차와 내용 등이
명확하게 규정되고 이것을 검증하는 과정이 엄정하게 이루어져야 한
다. 그런 의미에서 평가정책의 수립과 시행이 현재의 수준을 넘어야
한다고 생각한다.

## ◙ 제22조 간행물의 관리, 제23조 시청각 기록물의 관리, 제24조 행정박물의 관리

　제22조는 간행물의 관리를, 제23조는 시청각 기록물의 관리를, 제24
조는 행정박물의 관리를 다루고 있는 조항들이다. 각각의 조항이 개
별적 특성을 지니고 있기 때문에 분리하여 살펴보는 것이 마땅하지만
기본적으로 공공기관에서 어떻게 행동해야 하는지를 규정하고 있다는
점에서 일괄해서 살펴보는 것도 하나의 방법이라 생각하여 묶어서 살
펴보려고 한다.

　제22조는 간행물의 관리를 발간등록번호 부여 방법과 발간된 간행
물의 이관절차에 대해 다루고 있다. 제23조는 시청각기록물 관리의 대
상과 관리 및 이관에 대해 다루고 있다. 제24조는 형상기록물인 행정
박물의 관리와 이관에 대해 다루고 있다.

　제22조 제1항은 "공공기관은 간행물을 발간하려면 대통령령으로 정
하는 바에 따라 관할 영구기록물관리기관으로부터 발간등록번호를 부
여받아야 한다"라고 하고 있다. 제2항에서는 "공공기관은 발간하는
간행물에 제1항에 따른 발간등록번호를 표기하여야 하며, 간행물을
발간하였을 때에는 지체 없이 그 간행물 3부를 각각 관할 기록관 또는

특수기록관과 관할 영구기록물관리기관 및 중앙기록물관리기관에 송부하여 보존·활용되도록 하여야 한다"라고 하고 있다.

제23조는 "공공기관은 업무수행과 관련하여 생산한 사진, 필름, 테이프, 비디오, 음반, 디스크 등 영상 또는 음성 형태의 기록물을 대통령령으로 정하는 바에 따라 관리하고 관할 영구기록물관리기관으로 이관하여야 한다"라고 하고 있다.

제24조는 "공공기관은 업무수행과 관련하여 생산·활용한 형상기록물로서 행정적·역사적·문화적·예술적 가치가 높은 기록물을 대통령령으로 정하는 바에 따라 관리하고 관할 영구기록물관리기관으로 이관하여야 한다"라고 하고 있다.

| | 간행물 | 시청각기록물 | 행정박물 |
|---|---|---|---|
| 누가 | 공공기관은 | 공공기관은 | 공공기관은 |
| 한다 | 발간등록번호를 부여받아야 한다. | 관리하고 관할 영구기록물관리기관으로 이관하여야 한다. | 관리하고 관할 영구기록물관리기관으로 이관하여야 한다. |
| 무엇을 | 간행물을 발간하려면 | 업무수행과 관련하여 생산한 사진, 필름, 테이프, 비디오, 음반, 디스크 등 영상 또는 음성 형태의 기록물을 | 업무수행과 관련하여 생산·활용한 형상기록물로서 행정적·역사적·문화적·예술적 가치가 높은 기록물을 |
| | | | |
| 누가 | 공공기관은 | | |
| 한다 | 발간등록번호를 표기하여야 | | |
| 무엇을 | 발간하는 간행물에 | | |
| | | | |
| 누가 | (공공기관은) | | |

| | 간행물 | 시청각기록물 | 행정박물 |
|---|---|---|---|
| 언제 | 지체 없이 | | |
| 무엇을 | 간행물 3부를 각각 | | |
| 어디에 | 관할 기록관 또는 특수기록관과 관할 영구기록물관리기관 및 중앙기록물관리기관에 | | |
| 한다 | (간행물을) 송부하여 보존·활용되도록 하여야 한다. | | |

간행물의 경우 좀 더 복잡해 보이지만, 기본적으로 공공기관은 당해 기관 내에서 생산되는 간행물, 시청각기록물, 행정박물 등을 관할하는 기록물관리기관—특히 영구기록물관리기관—으로 이관하여 관리가 되도록 해야 한다.

간행물과 관련해서는 몇 가지 질문을 해볼 수 있다. 여전히 간행물을 기록물관리기관으로 이관하도록 하는 것이 유효한가? 국회와 국립중앙도서관도 공공기관의 간행물을 납본받고 있고, 활용성으로만 보면 기록물관리기관으로 송부된 간행물보다 더 많이 활용되고 있는 것으로 보인다. 왜 그럴까? 그들 기관은 도서의 형태를 지니고 있는 기록물을 모아서 서비스하는 기관이다. 이때 유사한 분야나 주제와 관련된 다른 간행물들을 함께 참조할 수 있는 장점이 있다. 따라서 일반 기록이 갖는 맥락과는 다른 의미에서 맥락적으로 간행물을 통해 정보를 획득할 수 있다고 볼 수 있다.

반면에 기록관은 주로 당해 기관의 간행물을, 영구기록물관리기관은 소관 관할 범위 내의 기관에서 발간된 간행물을, 또 중앙기록물관리기관은 대다수 공공기관의 간행물을 송부받지만 주된 목적은 활용보다는 보존에 방점이 두어져 있다. 간행물을 받는 목적 자체가 차이가 있는 것이다. 간행물도 공공기관의 업무활동의 결과물이라는 측면에서 기록물관리기관에서의 보존관리가 필요하다. 하지만, 그것을 활용이라는 측면에서 동일하게 접근한다면 예산투입의 적정성, 활용의 적절성 및 고객만족도 측면에서 기록물관리기관이 상대적으로 취약하다고 여겨질 수밖에 없다. 따라서 간행물의 활용도에 대해서 보존과 활용 모두에 어정쩡한 스탠스를 취하고 있는 현재의 모습에서 기록물관리기관은 보존을 중심으로 한다는 것을 좀 더 명확하게 선언할 필요가 있다고 생각한다. 다만, 활용의 측면에서 국회나 국립중앙도서관과 연계하여 간행물을 공동활용할 수 있도록 연계성을 강화하는 방안의 검토가 필요하지 않은가 생각한다.

더구나 최근에는 대부분의 간행물이 전자파일 작업을 먼저하고, 이것을 인쇄된 책자형태로 만들거나 전자책 형태로 제작이 된다. 전자파일 상태는 인쇄된 책자와 형태상의 상이한 부분이 있어서 인쇄된 간행물을 종전과 같이 납본받는 것이 필요하겠지만, 처음부터 전자책으로 제작된 간행물도 3부를 납본받아야 할까? 발간형태에 따라 납본수량을 탄력적으로 조정할 수 있도록 하는 방안의 검토가 필요하다고 본다.

시청각기록물과 관련해서 추가적인 논의가 필요한 사항도 종전의 매체중심에서 전자적 형태의 시청각기록물의 생산으로 변화되고 있다는 점이다. 당연히 관리하는 방식에 변화가 필요하겠지만, 여전히 시청각기록물은 관련 메타데이터는 어떻게 설정할지, 이를 활용하여 생산시점에 등록을 어떻게 해야 하는지 등에 대해 좀 더 이용자 편의를 고려하여야 한다. 기록생산시스템에 등록기능이 있으나 이를 제대로 사용하는 경우는 거의 없다고 보인다. 따라서 이를 업무담당자들에게 주지시키고 생산된 시청각기록물이 누락되지 않고 등록될 수 있도록 해야 한다. 이 경우 이관시기 등도 함께 조정하는 등 관리방안에 대해서도 검토가 필요하다.

  행정박물은 기록물관리기관에서 관리하는데 가장 모호한 유형의 기록물이기도 하다. 관인류와 같이 명백하게 행정박물로 이해할 수 있는 경우도 있으나 많은 경우 행정박물로 판단해야 할지 애매한 경우가 많이 있다. 법령상의 기준이 있으나 이것 역시 포괄적이어서 적용하기 쉽지 않다는 비판이 있다. 그러나 행정박물과 관련해서는 용어상 '박물'이라는 것을 고려해서 관인과 같이 명백하게 역사적·증빙적 가치를 지니는 것을 규정하고, 나머지는 기관에서 자체적으로 전시, 홍보 등의 목적으로 활용할 필요성이 있는지 여부를 자율적으로 선택하고 처분할 수 있도록 열어놓는 것이 좋을 것 같다. 행정박물=영구라고 본다면, 차고 넘치는 행정박물은 관리대상 기록물이라는 인식보다는 안고가야 하는 짐이라는 인식이 확산될 수밖에 없다.
  기록물의 특성에 맞게 관리방식도 이를 이용한 활용의 방식도 고민해야 한다.

### ◼ 제25조 폐지기관의 기록물관리

  제25조는 공공기관이 어떤 경우에 폐지되는지(제1항), 폐지되는 상황에서 해야 할 조치들은 무엇인지(제2항, 제3항)에 대해서 규정하고 있다.

제1항은 "공공기관이 폐지된 경우 그 사무를 승계하는 기관이 없을 때에는 폐지되는 공공기관의 장은 지체 없이 그 기관의 기록물을 관할 영구기록물기관으로 이관하여야 한다. 다만, 다음 각 호의 어느 하나에 해당하는 경우의 기록물은 대통령령으로 정하는 바에 따라 이관하여야 한다"라고 되어 있다.

제1항 본문 부분을 육하원칙으로 읽어보면 다음과 같다.

| | |
|---|---|
| 누가 | 공공기관의 장은 |
| 언제 1 | 공공기관이 폐지된 경우 |
| 언제 2 | 지체없이 |
| 무엇을 | 그 기관의 기록물을 |
| 한다 | 관할 영구기록물기관으로 이관하여야 한다. |

'폐지된 경우'라는 시점을 주목해서 살펴보자. 공공기관의 폐지는 '결과'이다. 즉, 공공기관이 폐지되기 이전에 일어날 일들을 생각해보자. 시대의 변화, 기관 역할의 변화, 기관의 성과, 정치적 이유 등을 종합적으로 고려하여 폐지대상 기관을 선정하게 된다. 따라서 실제 공공기관이 폐지되기 전에, 청산절차에 들어가기 전에 해당 기관의 기록물에 대한 정보를 파악하고 시스템의 상태, 관리 상태를 점검해야 한다. 사전조치가 전제되지 않으면 '폐지된 경우'에 '지체없이'라는 말이 성립될 수가 없다.

그렇다면, '지체없이' 관할 영구기록물관리기관으로 이관하기 위해서 사전에 조치를 취하는데 필요한 시간은 어느 정도나 되어야 할까?

이와 관련해서는 난점이 있다. ① 일단 공공기관이 폐지되는 시점이 불명확한 경우가 있다. 이런 경우에는 갑작스럽게 폐지가 결정되어 충분한 시간이 없는 상태에서 기록물을 이관받아야 하는 경우가 생길 수 있다. ② 다음으로 특별법 등에 의해서 한시적으로 운영되어서 사전에 폐지의 시점이 예상되는 기관의 경우에, 일부 기관에서 기록생산시스템을 자체적으로 개발하여 사용하거나 시중에서 판매되는 상용 프로그램을 구매하여 사용하는 경우가 있다. 이런 경우에는 기록물을 이관받을 때, 메타데이터를 분석하고 기록정보의 누락이 없이 시스템을 통해 기록이 이관될 수 있도록 하는데 추가적인 예산과 시간이 소요될 수 있다. ③ 기관이 폐지되는 시점과 기록물을 이관받는 시점 간의 간극으로 인한 문제도 고려해야 한다. '지체 없이'가 '곧바로'나 '즉시'의 의미로 사용된다면, 기관의 활동이 종료됨과 함께 모든 기록이 이관되어야 하지만, 현실적으로는 그렇지 못하다. 따라서 종료일 이전의 일정기간을 정해서 이전에 생산, 보유하고 있는 기록정보를 1차 이관받고, 기관활동이 종료된 직후부터 기한을 정해서 그 기간 안에 기록물을 최종적으로 이관받는 방법이 현실적이다. 이 경우에도 한시기관의 경우에는 예산의 집행사항의 정리나 재산의 처분 등을 위한 청산기간이 있어서 그 기간 동안에 해당하는 기록물도 이관받을 수 있도록 해야 하며, 기관의 활동이 종료되기 이전에 이관을 받지 못했다면 이때에라도 이관을 받을 수 있도록 해야 한다. 여하튼 기관이 폐지되는 경우 폐지 시점과 기록물 이관 시점간의 차이가 발생할 수 있으므로 이 점에 유의해야 한다.

제1항 단서조항은 앞의 사항을 염두에 두어서 이관을 받되, 업무의 승계나 민간으로 이관되는 업무와 관련된 기록물에 대한 조치가 추가되어야 한다.

제2항은 "공공기관이 폐지된 경우에 그 사무를 승계하는 기관이 있

을 때에는 폐지되는 기관의 장과 그 사무를 승계하는 기관의 장은 대통령령으로 정하는 바에 따라 기록물 인수인계가 원활하게 이루어질 수 있도록 조치하여야 한다"라고 하고 있다.

제2항을 육하원칙으로 읽어보면 다음과 같다.

| | |
|---|---|
| **누가** | 폐지되는 기관(A)의 장과 그 사무를 승계하는 기관(B)의 장은 |
| **언제** | 공공기관이 폐지된 경우 |
| **무엇을** | 대통령령으로 정하는 바에 따라 기록물(승계되는 사무와 관련된 기록물의) 인수인계가 원활하게 이루어질 수 있도록 |
| **한다** | 조치하여야 한다. |

제1항은 승계기관이 없이 폐지되는 경우를 말했다면, 제2항은 기관이 폐지는 되지만 소관 업무의 승계를 받는 기관이 있는 경우를 말한다. 업무의 승계 기관이 있으므로 당연히 기록물은 폐지되는 기관으로부터 승계받는 기관으로 이관이 되어야 한다.

이때 변수는 기관이 폐지(A)되고 승계받는 기관(B)이 1 : 1인 경우인지, 1 : n에 해당하는지를 살펴야 한다. 즉 A와 B가 1 : 1인 경우에는 승계해야 할 기록물을 정리하여 A에서 B로 바로 이관하면 된다. 그러나 B의 기관이 하나가 아닌 경우에는 좀 더 복잡한 과정을 거쳐야 한다. B로 가는 기록물과 C로 가는 기록물… 등등 기능이 나누어지는 수 만큼에 해당하는 정리와 이관이 필요하고, 여기에 기관에서 공통적으로 적용했던 업무와 관련된 기록물의 경우에는 A'의 기록물을 B', C'… 등으로 나누어 같은 기록물이 이관될 수 있도록 해야 한다.

제3항은 "영구기록물관리기관의 장은 폐지되는 기관의 소관 기록물

의 체계적인 이관 및 관리 등을 위하여 필요한 경우에는 소속 공무원
을 파견할 수 있다"라고 하고 있다.

제3항을 육하원칙에 따라 읽어보자.

| | |
|---|---|
| **누가** | 영구기록물관리기관의 장은 |
| **무엇을** | 폐지되는 기관의 소관 기록물의 체계적인 이관 및 관리 등을 위하여 |
| **한다** | 소속 공무원을 파견할 수 있다. |
| **왜** | 필요한 경우에 |

　폐지되는 기관의 기록물도 최종적으로 영구기록물관리기관의 책임
하에 관리가 되어야 한다. 물론 승계기관이 있는 경우에는 전체 기록
물 중 현행법령대로라면 보존기간 30년 이상의 기록물만이 추후에 영
구기록물관리기관으로 이관되어 관리되겠지만, 기록물의 유실 등이
발생하지 않도록 영구기록물관리기관이 필요한 조치를 취해야 한다는
정도로 볼 수 있다. 현실적으로 폐지기관이 발생하는 사항에 대해서
빠짐없이 영구기록물관리기관에서 모니터링을 실시하는 것조차 쉬운
일이 아니다. 그런데 '필요한 경우'라는 단서가 붙기는 했지만, 필요함
의 정도가 어느 수준인지 모호하며 소속 공무원을 파견하는 것은 더
욱 쉬운 일이 아니다. 영구기록물관리기관이라고 하더라도 충분한 인
력과 자원을 확보하여 운영된다는 보장이 없다. 따라서 현재로서는
기관이 폐지된다는 사실이 확인이 된 시점부터 기관과 협의를 하고
이관이 이루어질 수 있도록 지원하는 선에서 업무가 이루어지는 상황
이다. 적어도 특별법에 따른 한시기관과 같이 종료시점이 예정되어
있는 기관만이라도 종료일 3개월 또는 6개월 전부터 기록물의 이관을

위한 지원이 가능하도록 근거를 마련하는 것이 필요하다고 생각한다. 현재 이런 조치가 취해지고 있는 기관은 "대통령기록물법"에 따른 대통령기록물생산기관들이 있다. 기관 업무의 중요도 등을 고려할 때, 그나마 다행이라고 하겠으나, 모든 공공기관은 각자의 목적과 임무가 주어진 기관이다. 이들 기관의 활동의 내용과 결과가 적절하게 관리될 수 있도록 하는 것이 필요하다.

## ◙ 제26조 기록물의 회수

제1항은 "공공기관의 장 및 영구기록물관리기관의 장은 기록물이 유출되어 민간인이 이를 소유하거나 관리하는 경우에는 그 기록물을 회수하거나 위탁보존 또는 복제본 수집 등 필요한 조치를 하여야 한다. 이 경우 기록물을 회수하였을 때에는 선의로 취득한 제3자에게 대통령령으로 정하는 기준에 따라 필요한 보상을 할 수 있다"라고 하고 있다.

제2항은 "공공기관(국가기관과 지방자치단체만 해당한다)의 장 및 영구기록물관리기관의 장은 제1항에 따른 기록물의 회수를 위하여 필요하다고 인정하면 관계 공무원으로 하여금 민간인이 소유하거나 관리하는 기록물의 목록 및 내용의 확인, 그 밖에 필요한 조사를 하게 할 수 있다"라고 하고 있다.

제3항은 "제2항에 따라 조사를 하는 공무원은 그 권한을 표시하는 증표를 관계인에게 보여주어야 한다"라고 하고 있다.

제26조에서는 제1항만 육하원칙에 따라 읽어보자.

| **누가** | 공공기관의 장 및 영구기록물관리기관의 장은 |
| **한다** | 필요한 조치를 하여야 한다. |
| **언제** | 기록물이 유출되어 민간인이 이를 소유하거나 관리하는 (것을 확인하였을 때) |
| **무엇을** | (유출된) 그 기록물을 회수하거나 위탁보존 또는 복제본 수집 등 |

　기록물의 회수는 일반적 기록관리를 벗어나 있는 기록물을 관리범위 이내로 회복시키는 것을 말한다. 기록물의 유출 경로는 고의 또는 과실인 경우가 많을 것이다. 선의로 유출하는 경우가 얼마나 있을지 모르겠다. 그렇지만 최근에는 '공익신고제도'라는 것이 있어서 공익을 위하여 기록정보를 유출하는 것도 배제할 수는 없겠으나, 공공기관에서는 적어도 문서형 기록의 경우 생산됨과 함께 등록되고 특별히 보호해야 할 대상이 아니라면 최소한 목록정보가, 그리고 어느 정도의 보호 필요가 있는 것을 제외하고는 원문정보까지 사전정보 또는 정보공개를 통해서 정보이용자에게 제공되기 때문에 실제 발생가능성은 낮을 것으로 예측할 수 있다.

　고의에 의해서건, 과실에 의해서건 기록물이 유출이 되었고, 그 사실을 알게 된 경우는 인지의 주체가 공공기관이나 영구기록물관리기관을 막론하고 필요한 조치를 취해야 한 규정이다.

　단순히 생각하면 당연히 공공기록물이 유출된 것이니 '회수'만 하는 것이 타당할 것이다. 그러나 현재 해당 공공기록물을 소유하고 있는 사람이 최초의 유출자가 아닌 중간에 어떤 경로를 거쳐서 해당 기록물을 취득한 경우에는 어느 정도 소유권(?)이 인정된다고 보아야 한다. 때문에 제1조 목적을 떠올리면 "공공기록물의 안전한 보존 및 효율적 활용"을 위해 해당 유출기록물이 안정적인 상태를 유지하도록 하는 것이 우선이 된다고 보아야 한다. 따라서 해당 유출 기록물에 대해 현 소유자와 협의를 통해서 회수 또는 위탁보존, 복제본 수집 등의 조치 중에서 한 가지가 선택될 수 있도록 운신의 폭을 넓혀 놓은 것이라 할 수 있다.

문제는 회수된 기록물이—소유자가 계속 보유하고 있는 경우라고 하더라도—애초의 원질서를 회복하는 것은 거의 불가능할 것이라는 점이다. 따라서 기록물관리기관에서 회수된 기록물을 다루게 될 경우, 특정 콜렉션의 형태 등으로 다루게 될 가능성이 높다고 생각된다. 사실 유출기록물의 실태가 어느 정도가 될지 알 수는 없다. 그렇지만 현재의 시스템에서는 기록물의 유출 자체가 심각하게 발생하지는 않을 것으로 보인다. 오히려 기록물 원본의 유출보다 전자기록 사본의 유출 또는 외부전파의 문제를 어떻게 다루어야 할지에 대해 제도적, 기술적 측면에서 심도있는 연구와 검토가 필요하다고 생각한다.

## ◼ 제27조 기록물의 폐기, 제27조의2 기록물평가심의회

기록물의 폐기는 기록물관리기관과 기록관리 전문가가 가장 신중하게 다루어야 하는 업무의 하나이다. 개인적으로 아쉬운 것은 기록물 폐기와 평가라는 용어가 혼재되어 사용됨으로써 '기록의 가치평가'라는 본래의 목적보다는 보존기간이 경과한 '기록물의 폐기'라는 기능적인 부분이 더 많이 강화된 것이 아닌가 하는 것이다. 그래서 여기에서는 제27조(기록물의 폐기)와 제27조의2(기록물평가심의회)를 하나로 묶어서 살펴보려고 한다.

제27조 제1항에서는 "공공기관이 기록물을 폐기하려는 경우에는 대통령령으로 정하는 바에 따라 제41조제1항에 따른 기록물관리 전문요

원의 심사와 제27조의2에 따른 기록물평가심의회의 심의를 거쳐야 한다"라고 하고 있다.

제2항에서는 "영구기록물관리기관이 보존 중인 기록물의 보존가치를 재분류하여 폐기하려는 경우에는 대통령으로 정하는 기준과 절차를 준수하여야 한다"라고 하고 있다.

제3항은 "제1항의 기록물 폐기의 시행은 민간 등에 위탁할 수 있다. 이 경우 기록물의 폐기가 종료될 때까지 관계 공무원이 참석하여 감독하는 등 기록물이 유출되지 아니하도록 필요한 조치를 하여야 한다"라고 하고 있다.

이어지는 제27조의2(기록물평가심의회)의 제1항은 "공공기관의 장 및 영구기록물관리기관의 장은 보존 중인 기록물의 평가 및 폐기를 위하여 민간전문가를 포함한 기록물평가심의회를 구성·운영하여야 한다"라고 하고 있다.

제2항은 "기록물평가심의회의 구성·운영 등에 필요한 사항은 국회규칙, 대법원규칙, 헌법재판소규칙, 중앙선거관리위원회규칙 및 대통령령으로 정한다"라고 하고 있다.

제27조와 제27조의2를 묶어서 육하원칙에 따라 읽어보자.

| | |
|---|---|
| **무엇을** | 공공기관이 기록물을 폐기하려는 경우에는 |
| **한다 1** | 기록물평가심의회의 심의를 거쳐야 한다. |
| **왜** | 보존 중인 기록물의 평가 및 폐기를 위하여 |
| **누가** | 공공기관의 장 및 영구기록물관리기관의 장은 |
| **한다 2** | 기록물평가심의회를 구성·운영하여야 한다. |
| **어떻게 1** | 민간전문가를 포함한 |

**어떻게 2** 국회규칙, 대법원규칙, 헌법재판소규칙, 중앙선거관리위원회규칙
및 대통령령으로 정하여

**한다 3** 기록물 폐기의 시행은 민간 등에 위탁할 수 있다.
**한다 4** 기록물이 유출되지 아니하도록 필요한 조치를 하여야 한다.
**어떻게 3** 기록물의 폐기가 종료될 때까지 관계 공무원이 참석하여 감독하
는 등

　요약하면 "공공기관이 기록물을 폐기하려는 경우에는 기록물평가심
의회를 구성하여야 한다. 기록물평가심의회는 (영구기록물관리기관)의
규칙이나 대통령령으로 정하되 민간전문가를 포함하여 구성·운영되
어야 한다. 폐기로 결정된 기록물은 민간에 위탁하여 처분할 수 있으
나 이 경우 모든 조치가 완료될 때까지 관계 공무원이 참석하여 감독
함으로써 기록물이 유출되지 않도록 하여야 한다"라고 할 수 있겠다.
　평가와 폐기가 혼용되어 사용되고 있다는 점에서 용어의 정리가 우
선 필요할 것 같고, 제26조 기록물의 회수에서 살펴보았던 유출방지를
위한 조치로 관계 공무원이 입회를 의무화하고 있는 점이 눈에 띈다.
최근에는 기록물 폐기 시 파쇄 설비를 갖춘 트럭이 해당 기관에 직접
방문해서 현장파쇄하는 경우가 많지만 양이 많은 경우 여러 대로 분
산해서 하거나 며칠이 걸리는 경우도 있어 완벽하게 감독이 이루어지
지 못하는 경우도 있는 것으로 알고 있다.
　개인적 의견으로는 기록물의 폐기보다는 가치평가를 우선으로 하
고 난 이후의 행위로써 보존기간 변경, 평가보류, 폐기 등을 하도록
하는 방향으로 목적과 우선 순위가 재조정 되는 것이 좋지 않겠는가
생각한다.

## ◉ 제27조의3 기록물의 폐기 금지

폐기금지제도는 중앙기록물관리기관이 신속하게 기록관리의 처분을 동결하기 위한 조치를 시행하기 위해서 새롭게 도입된 제도다. 당초 입법취지로 알려졌던 내용보다는 후퇴했지만, 동결조치를 취할 수 있도록 법령에 반영하였다는 점에서 그 의미가 있다고 생각한다. 다만, 아직 해당 조치를 취할만한 사안이 발생하지 않았지만, 실제상황을 가상해서 폐기금지검토, 발령, 점검, 해제검토, 해제 등 프로세스를 점검하고 다양한 상황에 대응할 수 있도록 해야 할 것이다.

이해를 위해 제27조의3의 각 항을 살펴보면 제1항은 "중앙기록물관리기관의 장은 제27조에도 불구하고 국가적으로 중대한 사안으로서 조사기관 또는 수사기관의 요청이 있거나 국민의 권익보호를 위하여 긴급히 필요한 경우 등 대통령령으로 정하는 경우에는 기록물의 폐기 금지를 결정하고 해당 공공기관 및 영구기록물관리기관에 통보할 수 있다. 다만, 헌법기관기록물관리기관의 소관 기록물에 대해서는 미리 그 기관의 장과 협의하여야 한다"라고 하고 있다.

제2항에서는 "제1항에 따라 폐기 금지를 통보받은 공공기관 및 영구기록물관리기관의 장은 해당 기록물이 폐기되지 아니하도록 조치하고 대통령령으로 정하는 바에 따라 관리하여야 한다"라고 하고 있다.

제3항은 "중앙기록물관리기관의 장은 제2항에 따른 기록물의 폐기 금지 조치 및 관리실태 등을 확인하기 위하여 해당 공공기관 및 영구기록물관리기관에 대한 기록물관리 현황조사 또는 점검 등을 실시하고 필요한 경우 시정 조치를 할 수 있다"라고 하고 있다.

마지막 제4항은 "기록물의 폐기 금지 조치 및 관리 등에 관하여 필요한 사항은 대통령령으로 정한다"라고 되어 있다.

각 항의 내용에서 확인할 수 있듯이 제27조의3은 폐기금지의 협의 및 발령(제1항), 기관에서의 조치(제2항), 현황조사 및 점검(제3항), 그 밖에 시행에 대한 사항의 대통령령에 대한 위임(제4항)으로 구성되어 있다.

육하원칙에 따라 읽어보면 다음과 같다.

| | |
|---|---|
| **누가** | 중앙기록물관리기관의 장 |
| **한다** | ① 기록물의 폐기 금지를 결정하고 |
| | ② 해당 공공기관 및 영구기록물관리기관에 통보할 수 있다. |
| | ③ 헌법기관기록물관리기관의 소관 기록물에 대해서는 미리 그 기관의 장과 협의하여야 한다. |
| **왜** | 국가적으로 중대한 사안으로서 조사기관 또는 수사기관의 요청이 있거나 국민의 권익보호를 위하여 긴급히 필요한 경우 등 대통령령으로 정하는 경우 |

기록물 폐기금지의 주체와 관련된 사항이 먼저 나온다. 기록물 폐기금지는 "중앙기록물관리기관의 장"의 소관에 속하는 사항이다. 이는 '왜'에 대한 설명으로 이해할 수 있듯이 "국가적으로 중대한 사안"이라는 전제가 있으므로, 국가의 전체적인 기록관리를 총괄하는 중앙기록물관리기관에서 폐기금지에 대한 최종적인 판단을 할 수 있도록 한 것이다. 그러나 역으로 살펴보면 "국민의 권익보호를 위하여 긴급히 필요한 사항"이 포함되어 있으나, "조사기관 또는 수사기관의 요청"에 의하여 폐기금지에 대한 활동이 시작된다는 점에서 중앙기록물관리기관의 역할은 수동적으로 비춰질 측면도 있다고 생각된다.

폐기금지 제도가 필요하다는 것은 국가운영의 불연속성을 초래하는 정치적, 사회적, 환경적 문제가 발생할 개연성을 염두에 두고 있다고 볼 수 있다. 폐기금지라는 것이 한시적인 성격을 지니기는 하지만, 일정 범위 이내의 공공기관의 활동 및 그 결과에 대해 철저한 기록화를 하자는 취지도 있겠으나, 기록관리에 대한 신뢰성의 문제를 생각하지 않을 수 없다. 물론 폐기금지가 자주 발동되거나 남용된다면 정상적인 기록관리라는 이름으로 기록의 황폐화를 초래하는 상황이 발생할 수 있을 것이다. 따라서 폐기금지 제도의 운영은 명확한 근거에 기초해서 엄중하게 이루어져야 한다.

중앙기록물관리기관의 폐기금지 발령 절차는 '폐기금지요청의 접수'를 받으면, '폐기금지여부 심사', '금지 결정' 등 내부 검토과정을 거쳐서 '해당 기관에 통보'하는 방식으로 이루어진다. 다만, 3권분립에 따라 법기관에 대해서는 관련 기관의 장과 사전 협의를 하도록 하고 있다.

이 규정은 중앙기록물관리기관으로서 행정기관에 대한 폐기금지 요청 권한뿐 아니라 '헌법기관'에 대해서도 중앙기록물관리기관으로서의 권한을 갖는다고 해석할 수 있는 대목이다. 그렇다면 중앙기록물관리기관으로서 폐기금지 조치와 같은 중대한 사안에 대해 권한 행사를 할 수 있는 권위와 신뢰성을 확보할 수 있어야 한다.

제2항부터 제4항은 앞에서 살펴본 것처럼 기관에서의 조치(제2항), 현황조사 및 점검(제3항), 그 밖에 시행에 대한 사항의 대통령령에 대한 위임(제4항)을 다루고 있다.

### ◎ 제28조 기록물관리기관의 시설·장비

제28조는 기록물관리기관이 갖추어야 하는 시설 및 장비에 대한 내용을 규정하고 있다. 기록물관리기관은 기록물의 안전한 보존과 효율

적 활용이라는 제1조 목적의 수행을 위해서 최선의 노력을 기울여야 한다. 이때 실체가 있는 물리적 기록이건, 데이터 형태의 전자기록이건, 또는 다른 유형의 기록이건 해당 공공기관의 업무활동과 관련하여 생산되었거나 수집되어 관리하고 있는 기록물이 최적의 상태를 유지하도록 해야 한다. 제28조는 제1조의 목적을 구체적으로 실현하기 위해서 다시 한 번 실무적 적용을 위한 기준의 수립과 준수의무 등을 규정하고 있다.

제1항은 "중앙기록물관리기관의 장은 기록물의 체계적 관리, 안전한 보존 및 효율적 활용을 위하여 대통령령으로 정하는 바에 따라 기록물 관리기관별 시설·장비 기준을 정하여야 한다"라고 하고 있다.

제2항에서는 제1항을 받아 "기록물관리기관의 장은 제1항에 따른 시설·장비 기준을 준수하여야 하며, 이를 준수하지 아니하는 기록물관리기관에 대하여는 중앙기록물관리기관의 장은 그 시정을 요구할 수 있다"라고 하고 있다.

제1항과 제2항을 함께 묶어서 육하원칙에 따라 읽어보자.

| | |
|---|---|
| **누가 1** | 중앙기록물관리기관의 장은 |
| **한다 1** | 기록물관리기관별 시설·장비 기준을 정하여야 한다. |
| **왜 1** | 기록물의 체계적 관리, 안전한 보존 및 효율적 활용을 위하여 |
| **어떻게** | 대통령령으로 정하는 바에 따라 |
| | |
| **누가 2** | 기록물관리기관의 장은 |
| **한다 2** | 제1항에 따른 시설·장비 기준을 준수하여야 한다. |
| | |
| **누가 3** | 중앙기록물관리기관의 장은 |

| 한다 3 | 시정을 요구할 수 있다. |
|---|---|
| 왜 2 | 제1항에 따른 시설·장비 기준을 준수하지 아니하는 기록물관리기관에 대하여 |

이를 정리하면 다음과 같다. "중앙기록물관리기관의 장은 기록물의 체계적 관리, 안전한 보존 및 효율적 활용을 위하여 기록물관리기관별 시설·장비 기준을 정하여야 하며, 기록물관리기관은 이를 준수할 의무가 있다. 시설·장비 기준의 준수가 (미흡한 경우) 중앙기록물관리기관은 해당 기록물관리기관에 대하여 시정을 요구할 수 있다"와 같이 된다.

즉, 중앙기록물관리기관 및 기록물관리기관 상호 간의 역할과 책임이 명시되어 있는 조항이라고 할 수 있다. 이 기준은 최소한의 기준이라고 이해되어야 하나 실제 업무 현장에 따라서는 최소한의 기준조차 준수하기 어려운 경우가 있음을 확인할 수 있다. 그 원인이 어디에 있는지를 확인하고 문제해결의 방법을 고민해야 하는 부분이다.

## ◙ 제29조 기록매체 및 용품 등

제28조에서 기록물관리기관의 시설 및 장비를 다루었다면, 제29조에서는 기록을 저장하는 매체 및 필요한 소재에 대한 내용을 규정하고 있다.

제1항은 "기록물관리기관이 기록물을 마이크로필름 또는 전자매체에 수록하여 관리할 때에는 중앙기록물관리기관과 상호 유통 및 활용이 가능하도록 중앙기록물관리기관에서 정하는 기준에 따라 관리하여야 한다"라고 하고 있다.

제2항은 "중앙기록물관리기관의 장은 기록물관리에 사용되는 기록매체·재료 등에 관하여 보존에 적합한 규격을 정하여야 하며, 그 규격의 제정·관리 및 인증 등에 필요한 사항은 대통령령으로 정한다"라고 하고 있다.

법령의 순서를 조금 바꾸어서 제2항을 먼저 보고, 제1항을 보는 방식으로 육하원칙에 따라 읽어보자.

**누가 1** 　중앙기록물관리기관의 장은

**한다 1** 　기록매체·재료 등에 관하여 보존에 적합한 규격을 정하여야 한다.

**어떻게 1** 　규격의 제정·관리 및 인증 등에 필요한 사항은 대통령령으로 정한다.

**누가 2** 　기록물관리기관은

**한다 2** 　중앙기록물관리기관에서 정하는 기준에 따라 관리하여야 한다.

**언제** 　기록물을 마이크로필름 또는 전자매체에 수록하여 관리할 때에

**어떻게 2** 　중앙기록물관리기관과 상호 유통 및 활용이 가능하도록

이를 정리하면 "중앙기록물관리기관은 기록물 관리에 필요한 매체·재료 등의 규격 및 인증 등에 필요한 사항을 정하고, 기록물관리기관은 중앙기록물관리기관과 상호 유통 및 활용이 가능하도록 기준에 따라 매체수록을 하여야 한다"라고 요약할 수 있다.

여기에서 중요한 것은 기록매체 및 재료 등에 필요한 규격을 정하는 것이라고 생각한다. 표준의 영역에서 기록물관리에 적합한 소재의 개발과 양질의 기록도구들이 공급될 수 있도록 하는 것이 필요하다. 기록매체 등의 도구는 공공기관에서 자체개발하여 사용할 수도 있으

나 민간영역에서의 기록관리에 대한 요구의 증가 등을 고려할 때 민간에서 필요한 용품 등을 개발하도록 장려하는 것이 필요하다고 본다. 따라서 기록관리에 적합한 도구들을 만들 때 이를 위한 기술개발 및 인증절차를 마련하는 것이 필요하다.

제29조에서는 마이크로필름 또는 전자매체에 수록하는 부분을 강조함으로써 공공기관 내에서의 영역에서 이루어지는 활동으로 국한하고 있으나 이를 보다 더 다양한 매체의 사용이 가능하도록 개방하는 방향으로 법령을 보완할 필요가 있다고 생각한다. 이를 통해서 공공영역에 국한하지 않고, 민간영역까지 확산해서 사용할 수 있는 기술개발이 이루어지도록 유도하는 것이 필요하다.

민간영역까지 고려할 때 규제가 아니라 적합한 기록매체란 무엇이고, 민간에서 특별한 기술이 없어도 사용할 수 있는 도구의 개발을 장려하고, 개발된 기술을 인증하여 신뢰하며 사용할 수 있는 여건을 조성해줄 필요가 있다. 표준 내지는 표준에 준하는 기술의 개발에 대한 인증은 중앙기록물관리기관이 수행할 수도 있으나, 민간에서 자율적인 인증기구를 만들고 그에 대한 관리·감독 또는 협력을 통해서 기록매체에 대한 연구개발이 활성화될 수 있는 기반을 만들어주는 것이 필요하다고 생각한다.

### ◉ 제30조 기록물의 보안 및 재난 대책

기록물관리기관을 신뢰하는 이유는 그곳에서 보존·관리되고 있는 기록정보가 국가와 국민에 유용한 정보를 갖고 있으면서, 기관의 업무 활동을 증빙할 수 있도록 하는 역할을 수행하기 때문이다. 따라서 기록물관리기관은 할 수 있는 최선의 노력을 다해서 기록물이 안전하게 관리될 수 있도록 하여야 한다. 이러한 노력 안에는 사회적 재난이나 자연 재난 등 예측하기 어려운 재난상황이 발생했을 때에도 효과적으로 기록물이 보호될 수 있는 조치가 포함되어야 한다. 또 이러한 보호조치는 물리적 조치뿐 아니라, 전자적 조치도 포함되어야 하며, 기록정보가 유출됨으로써 발생할 수 있는 보안사고 등에 대한 방안도 포함하고 있어야 한다. 제30조는 이를 위한 기록물 보안 및 재난 대책에 대한 내용을 규정하고 있다.

제1항은 "기록물관리기관의 소관 기록물의 안전한 관리를 위하여 대통령령으로 정하는 바에 따라 기록물에 대한 보안 및 재난 대책을 수립·시행하여야 한다"라고 하고 있다.

제2항은 "영구기록물관리기관의 장은 전자기록물의 안전한 관리를 위하여 재난대비 복구체계를 구축·운영하여야 한다"라고 하고 있다.

제1항과 2항을 비교해 보는 방식으로 육하원칙에 따라 읽어보자.

|  | 제1항 | 제2항 |
|---|---|---|
| 누가 | 기록물관리기관 | 영구기록물관리기관의 장은 |
| 한다 | 보안 및 재난 대책을 수립·시행하여야 한다. | 재난대비 복구체계를 구축·운영하여야 한다. |
| 무엇을 | 소관 기록물 | 전자기록물 |
| 왜 | 안전한 관리를 위하여 | 안전한 관리를 위하여 |

제1항은 기록물관리기관 모두에게 적용되는 규정이고, 제2항은 영구기록물관리기관으로 제한하여 적용하는 규정이다. 2007년 전부개정될 당시에는 현재의 제1항의 내용만 있다가 후에 제2항의 내용이 추가되었다. 법령개정사유를 확인할 수 없어 미루어 짐작하자면 제2항

은 시행령에서 다루고 있던 부분을 보완하여 법률로 상향하여 전자기록물에 대한 보안 및 재난대비를 강조한 것이라고 해석할 수 있을 것같다. 이는 기록의 생산환경의 변화, 관리환경의 변화 등 기록관리를둘러싼 제반 환경이 물리적 관리방식에서 전자적 방식으로 전환되어감에 따라 시대 흐름에 맞추어 전자적 관리를 강화한 것이라고 볼 수있다.

제1항은 두 개의 내용을 포함하고 있다. 첫째는 보안대책의 수립에대한 내용이고, 두 번째는 재난대책에 대한 내용이다. 보안은 내용에대한 보호를 말하고, 재난대책은 인위적으로 또는 자연적으로 발생하는 각종 기록에 악영향을 끼치는 다양한 조건으로부터 기록을 안전하게 관리할 수 있도록 하는 대책 마련의 필요성을 말하고 있는 것이다.

제2항은 영구기록물관리기관에게 제1항 모든 기록물관리기관이 준수해야 하는 대책에 더하여 재난 시 전자기록물의 복구체계가 가동될수 있도록 대비하라는 내용이 추가된 것이다. 전자기록물은 하드웨어및 소프트웨어의 영향을 크게 받는다. 재난이 발생하면 정보송수신망이 파괴된다거나 저장장치가 손상되는 등의 문제로 인하여 보유하고있는 기록정보의 이용이 곤란한 상황에 빠질 수 있다. 따라서 문제가생겼을 때, 손쉽게 복구할 수 있도록 백업체계를 구축하거나 정보 전송을 위한 우회로를 확보한다든지 여러 가지 가능한 대안을 마련할필요가 있다.

## ◼ 제30조의2 보존·복원 기술의 연구·개발

기록물관리기관의 시설과 장비기준으로부터 시작하여, 기록매체 및용품의 규격과 인증을 어떻게 할 것인지, 기록정보의 안전한 관리를

위한 보호수단의 강구가 제28조부터 제30조까지 다뤄졌다. 제30조의2
는 이 조항들이 실효성을 가질 수 있도록 관련 기술을 연구·개발 하
도록 규정한 부분이다.

"중앙기록물관리기관의 장은 기록물의 과학적이고 체계적인 보존
및 복원 기술의 개발과 개발된 기술의 확산을 위하여 노력하여야 한
다"라고 하고 있다.

육하원칙에 따라 읽어보자.

| 누가 | 중앙기록물관리기관의 장은 |
|---|---|
| 한다 | ① 보존 및 복원 기술을 개발하여야 한다. |
| | ② 개발된 기술의 확산을 위하여 노력하여야 한다. |
| 왜 | 기록물의 과학적이고 체계적인 (관리를 위해) |

중앙기록물관리기관에게 부여된 기능(제9조제2항제5호)의 이행을
구체화해서 법률의 본문에 반영한 것이라 하겠다. 중앙기록물관리기
관의 장은 ①-1 보존기술을 개발하여야 하며, ①-2 복원기술을 개발하
여야 한다. 그리고 ② 개발된 기술이 확산되어 사용될 수 있도록 노력
하여야 한다.

R&D나 연구용역 등을 통해서 과학적 기록관리를 위한 연구개발을
멈추지 않아야 한다. 이는 선언적인 주장이 아니라 구체적이고 실제
적이어야 하는 과제다.

예를 들어 수침기록물이 발생하였을 때 최초 응급조치, 응급조치 이
후 기록에 대한 기록물 상태별 조치계획의 수립 및 재난용품의 구입과
기록물 별 조치의 시행 등 미시적 관점에서 발생가능한 상황을 사전에
예측하고 실질적인 효과를 낼 수 있는 방법의 연구와 보급이 이루어

져야 한다. 또 재난이 국지적으로 발생할 수도 있지만 대규모 재난의 경우에는 어떤 조치들이 필요할지에 대한 거시적인 관점에서의 재난 대비계획의 수립을 지원할 수 있도록 해야 한다.

이를 위해서 기록관리가 이루어지는 생산현장, 기록물관리기관 등의 사례의 수집과 분석, 이에 기반한 효율적 수단의 확보를 위한 학계와 정부 상호 간, 기록전문가 상호 간의 협력과 소통을 통하여 기록관리 분야의 리터러시 역량이 확장될 수 있도록 하는 노력이 필요하다.


# 제7장 비밀 기록물의 관리

## ◙ 제32조 비밀 기록물 관리의 원칙

제7장은 제5장에서 기록물에 대한 일반적 관리를 설명한 것을 준용하되, 비밀 기록물에 대해서 따로 정해야 할 필요가 있는 사항들을 정의하는 내용으로 구성되어 있다.

제32조는 비밀 기록물 관리의 원칙을, 제33조는 관리를, 제34조는 생산현황 등 통보와 관련된 사항을 다루고 있다. 역설적으로 보면 비밀 기록물은 이 세 조항을 제외하면 일반기록물과 다르게 관리해야 할 대상이 아니라고 할 수도 있는 것이다. '비밀'이라는 말에 매이면, 생각이 자유로워지지 않는다. 일반적인 기록물 관리를 하는데, 예외적인 적용이 필요한 사항이 발생했을 때 어떻게 하는 것이 기록물의 가치를 훼손하지 않고, 기록정보를 정확하게 유지하여 관리하며, 활용에 이르도록 할 것인가를 고려해야 할 필요가 있다는 관점에서 비밀 기록물 관리를 다룰 필요가 있다.

'비밀'의 가치나 중요성이 작다고 보지는 않는다. 다만, 그것은 내용적인 측면에서 볼 때의 중요성이고, 관리적인 측면에서는 일반적 기록관리와 크게 달라질 부분은 없다고 본다. 일반적 기록관리의 강화된 형태나, 비밀 기록이 갖는 특성을 반영한 맞춤형의 관리라고 보는 것이 더 좋지 않을까 한다. '특권'을 내려놓을 때 더 자유로워진다.

그러한 관점에서 제32조 비밀 기록물 관리의 원칙을 읽어보자. "기록물관리기관의 장은 대통령령으로 정하는 바에 따라 비밀 기록물 관리에 필요한 별도의 전용서고 등 비밀 기록물 관리체계를 갖추고 전담 관리요원을 지정하여야 하며, 비밀 기록물 취급과정에서 비밀이 누설되지 아니하도록 보안대책을 수립·시행하여야 한다"라고 하고 있다.

육하원칙에 따라 읽어보자.

| | |
|---|---|
| **누가** | 기록물관리기관의 장은 |
| **한다 1** | ① 비밀 기록물 관리체계를 갖추고 |
| | ② 전담 관리요원을 지정하여야 하며 |
| **무엇을 1** | 대통령령으로 정하는 바에 따라 비밀 기록물 관리에 필요한 |
| **한다 2** | ③ 보안대책을 수립·시행하여야 한다. |
| **무엇을 2** | 비밀 기록물 취급과정에서 비밀이 누설되지 아니하도록 |

비밀 기록물 관리의 원칙은 두 가지의 방향을 말하고 있다. 첫째 비밀 기록물 관리에 적합한 인력과 시설을 갖추고, 둘째 비밀의 보호를 위한 보안대책을 수립하라는 것이다.

여기에서는 법령 읽기 방식에 대한 확인을 하는 부분이므로 시행령까지 자세하게 살펴보지는 않겠지만 대통령령으로 위임한 내용을 살펴보면 비밀 기록물 관리 전용 서고(제66조)를 두고, 보존기간과 보호기간을 적용(제67조)하고, 이관의 특례가 적용(제68조)되며, 비밀 기록물의 처리를 위한 처분일정표로서 기록관리기준표의 보호 조치(제69조)를 규정하고, 비밀 해제 시의 조치(제70조), 비밀 기록물의 생산현황 관리(제71조) 등에 대해 규정하고 있음만 언급하고 넘어간다.

## 제33조 비밀 기록물의 관리

제33조는 실제 비밀 기록물을 어떻게 관리하도록 할 것인지에 대해 다루고 있다. 제1항에서는 비밀 기록물의 시간적 관리 범위에 대해서 제2항은 공간적, 논리적 이동인 이관에 대해 다루고 있다.

제1항은 "공공기관은 비밀 기록물을 생산할 때에는 그 기록물의 원본에 비밀 보호기간 및 보존기간을 함께 정하여 보존기간이 끝날 때까지 관리되도록 하여야 한다. 이 경우 보존기간은 비밀 보호기간 이상의 기간으로 책정하여야 한다"라고 하고 있다.

육하원칙에 따라 읽어보자.

| | |
|---|---|
| **누가** | 공공기관은 |
| **한다** | 비밀 보호기간 및 보존기간을 함께 정한다. |
| **언제** | 비밀 기록물을 생산할 때 |
| **어디에** | 비밀 기록물의 원본에 |
| **어떻게** | 비밀 보호기간 이상의 기간으로 보존기간을 책정 |

비밀 기록물의 일반 기록물과 구분되는 특징의 하나는 보존기간과 함께 보호기간이 별도로 정해진다는 점이다. '비밀'이라는 것은 기록정보의 속성이 보호가 필요한 대상이라는 의미를 포함한다. 따라서 비밀의 기록정보가 담고 있는 내용에 대한 보호가 필요한 기간 만큼 보호되도록 조치해야 한다. 그러나 비밀 기록물도 기록이므로, 일반 기록물과 마찬가지로 해당 기록물에 대한 보존기간이 책정되어야 한다. 이와 같이 비밀 기록물에 대해서는 보호기간과 보존기간을 정하는 이중의 관리 조치가 취해지게 되는데, 보호기간은 기록정보에 대한 시간적인 관리기간을 말하며, 보존기간은 기록물 자체에 대한 종합적인 관리기간을 의미한다. 보호기간을 책정할 때 관행적으로 하지 않도록 내용에 맞는 적절한 기간이 정해질 수 있도록 해야 한다.

제2항은 "비밀 기록물의 원본은 대통령령으로 정하는 바에 따라 관할 기록물관리기관으로 이관하여 보존하여야 한다"라고 하고 있다. 육하원칙에 따라 읽어보자.

| | |
|---|---|
| **누가** | (공공기관은) |
| **무엇을** | 비밀 기록물의 원본은 |
| **한다** | 관할 기록물관리기관으로 이관하여 보존하여야 한다. |
| **어떻게** | 대통령령으로 정하는 바에 따라 |

행위의 주체를 따로 적시하지는 않았지만 제1항에 이어지는 내용이므로 공공기관이 행위의 주체가 된다. 비밀 기록물의 관리대상은 '원본'이라는 점을 유의해야 하며, 관리를 위한 절차와 방법 등을 준수하여 이관 및 보존이 이루어지도록 하여야 한다.

## ◙ 제34조 비밀 기록물 생산현황 등 통보

다른 기록물도 마찬가지이지만, 비밀 기록물 관리에서 특히 더 신경 써야 하는 부분은 생산현황을 파악하는 일이다. 과거 정부의 활동이 불투명했다고 여겨졌던 이유의 하나가 기록의 절대적인 생존율 자체가 낮은 측면도 있었지만, 비밀이 아닌 것까지 비밀로 포함하여 해당 기록정보에 대한 최소한의 정보마저도 대다수의 공공기관 종사자 및 국민에게 차단되어 있었기 때문이다.

물론 현재의 생산현황 통보제도 역시 한계가 있지만, 그래도 과거보다는 시차를 두고 비밀 기록물에 대한 현황파악 정도는 할 수 있으며—물론 비밀 기록물을 생산하는 기관에서 가감없이 이를 파악하여 통보한다는 전제하에서—, 불필요하게 비밀로 포함되는 기록물의 절대적인 양이 감소했다고 생각하는 측면에서는 과거보다 진일보했다고 생각한다.

제34조에서는 비밀 기록물의 생산현황 통보 등 절차와 방법 등에 대해 다루고 있다. "공공기관의 장은 해당 기관이 생산한 비밀 기록물 원본에 대하여 대통령령으로 정하는 바에 따라 매년 그 생산·해제 및 재분류 현황을 관할 영구기록물관리기관의 장에게 통보하여야 한다. 이 경우 통보서식 등은 행정안전부령으로 정하되, 미리 국가정보원장과 협의하여야 한다"라고 하고 있다.

이를 육하원칙에 따라 읽어보자.

| 누가 | 공공기관의 장은 |
|---|---|
| 한다 | 관할 영구기록물관리기관의 장에게 통보하여야 한다. |
| 무엇을 | 비밀 기록물 원본에 대하여 생산·해제 및 재분류 현황을 |

| **언제** | 매년 |
|---|---|
| **어떻게** | ① 대통령령으로 정하는 바에 따라 |
| | ② 통보서식 등은 행정안전부령으로 정하되, 미리 국가정보원장과 협의하여야 한다. |

　비밀 기록물에 대해서도 매년 기록물 생산현황에 대한 통보를 해야 함은 일반 기록물과 동일하다. 다만, 비밀 기록물은 관리과정에서 비밀의 해제, 재분류라는 별도의 절차가 포함되어 있으므로, 이것까지 포함해서 생산현황 통보를 하도록 한 것이다. 기록물관리의 총괄기관은 중앙기록물관리기관이고, 각각의 영구기록물관리기관으로 소관 공공기관에서 생산된 비밀 기록물에 대한 생산현황 통보가 이루어져야 하지만, 비밀 기록물에 대한 주관기관은 국가정보원이므로 관련 서식 등에 대해서는 '사전에' 국가정보원장과 협의하도록 하였음을 유의하여야 한다.

　최근 비밀 기록의 생산 및 관리도 전자적으로 하기 위한 시스템도 개발이 되었고, 사용이 되고 있기도 하다. 보안상의 문제 때문에 일반 업무망에서 공동활용하지는 못하지만, 비밀 기록에 대한 관리의 효율성이 높아질 수 있을 것으로 기대된다. 그리고 관리의 효율성뿐만 아니라, 이를 통해서 기록정보의 투명성까지 높아질 수 있기를 기대한다.

# 제8장 기록물의 공개·열람 및 활용

## ◙ 제35조 기록물의 공개 여부 분류

공공기록물법을 운영하면서 논란이 많이 되는 부분의 하나가 공개·열람이 아닐까 생각한다. 첫 번째 쟁점은 제19조제1항 및 시행령 제2항과 관련하여 기록물을 분류할 때 공개 여부를 단위과제별로 하도록 한 부분이고, 두 번째 쟁점은 기록물관리기관에서 이루어지는 정보서비스 활동이 공개의 영역인가 아니면 열람의 영역에 해당하는가 하는 점이다.

첫 번째 쟁점의 경우 공개 여부는 기록물의 최하단위가 되어야 한다고 생각한다. 철―건의 경우에는 '건' 단위로, 단위과제―단위과제카드의 경우에는 '카드' 단위로 공개 여부가 결정되어야 한다고 본다.

두 번째 쟁점의 경우 일단 범주적인 관점에서 구분하여 보자면, 공개는 업무의 시작부터 진행되는 과정에서 이루어지는 것으로 해당 기록물이 기록물관리기관으로 이관되기 전까지의 영역에 속하고, 열람은 이관이 이루어진 이후부터 이루어지는 것이라고 보아야 한다. 또한 업무처리상으로도 공개는 업무를 직접 수행한 당사자나 현재 해당 업무를 승계받아 처리하고 있는 담당부서에서 처리해야 하는 것이 적절하며, 열람은 기록정보의 내용을 확인시켜주는 차원에서 공개와는 구분되어야 한다. 다만, 우리나라 기록관리의 특성상 기록물이 해당 기관 내에 상당기간 머물러야 하는 점에서 일부 공개와 열람의 경계가 모호할 수도 있다.

그럼에도 불구하고 원칙적으로 '공개'는 생산부서에서, '열람'은 기록물관리기관에서 이루어지는 것으로 보는 것이 타당할 것이다. 그런 점에서 현재 기록물관리업무와 관련하여 사용되는 공개와 혼용되어 사용되는 용어를 열람으로 통일하여 사용하고, 불가피하게 공개를 사용하는 것은 한정해서 쓰이도록 개정하는 작업이 필요할 것으로 생각한다.

　제35조는 위의 쟁점을 담고 있으나 기본적으로 '기록물의 관리라는 절차' 중에서 '공개'가 위치하는 자리가 어디인가를 확인할 수 있다는 점에서 짚어보고 갈 필요가 있다. 제35조는 모두 5개의 항으로 구성되어 있고, 제1항은 기록물 이관 시 공개 여부 재분류를, 제2항은 비공개 기록물의 5년주기 재분류를, 제3항은 비공개 기록물의 30년 공개원칙을, 제4항은 비공개 연장필요 시 절차를, 제5항은 특수 분야 기록물 공개 시 사전 의견청취 규정 등을 다루고 있다.

　제1항부터 육하원칙에 따른 읽기를 해보자.

　제1항은 "공공기관은 관할 기록물관리기관으로 기록물을 이관하려는 경우에는 그 기록물의 공개 여부를 재분류하여 이관하여야 한다. 다만, 공공기관의 기록관 또는 특수기록관이 영구기록물관리기관으로 기록물을 이관하는 경우로서 제2항에 따라 기록물을 이관하기 전 최근 5년의 기간 중 해당 기록물의 공개 여부를 재분류한 경우에는 공개 여부 재분류 절차를 생략하고 기록물을 이관할 수 있다"라고 하고 있다.

| 누가 1 | 공공기관은 |
|---|---|
| 한다 1 | ① 공개 여부 재분류 절차를 생략하고,<br>② 이관할 수 있다. |
| 언제 1 | 관할 기록물관리기관으로 기록물을 이관하려는 경우 |

| 누가 2 | 기록관 또는 특수기록관이 |
|---|---|
| 한다 2 | ① 공개 여부를 재분류하여, |
| | ② 이관하여야 한다. |
| 언제 2 | 영구기록물관리기관으로 기록물을 이관하는 경우 |
| 어떻게 | 기록물을 이관하기 전 최근 5년의 기간 중 해당 기록물의 공개 여부를 재분류한 경우에는 |

이관 시 공개 여부 재분류는 필수조건에 해당됨을 의미하는 구절이다. 공개 여부의 판단은 여러 단계에서 이루어질 수 있으나, 행정기관에서 이루어지는 업무의 대부분은 업무가 진행되는 동안의 일정한 기간 안에서 한시적으로 비공개되는 정보를 포함하고 있다. 실제 기록물의 공개 여부에 대한 판단은 해당 업무 담당자나 관련 업무를 수행하는 부서에서 가장 정확하게 인식하고 판단할 수 있다. 그러므로 기록물을 이관하려는 경우 공개인데 비공개로 되어 있거나, 비공개인데 공개로 이관되어 이후 기록정보의 열람 시 문제가 발생하지 않도록 주의해야 한다.

공개 여부 재분류의 어려움을 고려하여 (특수)기록관이 보유하고 있는 기록물 중 영구기록물관리기관으로 이관해야 하는 기록물 중 5년 주기 재분류의 기간이 지나지 않은 기록물을 포함한 경우에는 공개 여부를 재분류하지 않고 이관할 수 있다. 이 경우 공개 여부 재분류는 이관시점으로부터 5년이 아니라, 이전 재분류된 때로부터 5년이므로 이관 전 재분류된 시점이 언제인지에 대한 정보가 함께 이관정보에 포함되어야 한다.

제2항은 "기록물관리기관은 비공개로 재분류된 기록물에 대해서는

재분류된 연도의 다음 연도부터 5년마다 공개 여부를 재분류하여야 한다. 다만, 기록물관리기관이 「공공기관의 정보공개에 관한 법률」 제9조제1항제6호에 해당하여 비공개로 재분류한 기록물에 대해서는 생산연도 종료 후 30년까지 공개 여부 재분류를 실시하지 아니할 수 있다"라고 하고 있다.

| | |
|---|---|
| **누가 1** | 기록물관리기관은 |
| **한다 1** | 공개 여부를 재분류하여야 한다. |
| **언제 1** | 재분류된 연도의 다음 연도부터 5년마다 |
| **무엇을 1** | 비공개로 재분류된 기록물에 대해서 |
| | |
| **누가 2** | 기록물관리기관이 |
| **한다 2** | 공개 여부 재분류를 실시하지 아니할 수 있다. |
| **언제 2** | 생산연도 종료 후 30년까지 |
| **무엇을 2** | [공공기관의 정보공개에 관한 법률] 제9조제1항제6호에 해당하여 비공개로 재분류한 기록물에 대해서 |

　원칙적으로 비공개 기록물의 공개재분류를 5년 주기로 하도록 한 조항이다. 여기서 단서조항만 좀 더 살펴보자. 제1항에서도 언급했지만 대부분의 비공개 정보는 업무가 종결되면 비공개나 열람제한의 사유도 종결된다. 그런데 국민의 신분, 재산 등 권리와 관련하여 시간이 경과해도 변동성이 적은 기록물들의 경우 5년주기 재분류를 적용할 때 행정의 효율성도 떨어지고, 굳이 재분류할 필요가 없게 된다. 이런 기록물이 주로 '정보공개법' 제9조제1항제6호에 있는 개인정보와 관련된 기록물에 해당한다. 따라서 이 범주에 해당하는 기록물은 생산이 종료된 이후 30년까지 공개재분류를 하지 않을 수 있도록 특례를

인정한 내용이다.

"정보공개법" 제9조제1항제6호의 내용은 아래와 같다.

---

6. 해당 정보에 포함되어 있는 성명·주민등록번호 등 「개인정보 보호법」 제2조제1
호에 따른 개인정보로서 공개될 경우 사생활의 비밀 또는 자유를 침해할 우려가
있다고 인정되는 정보. 다만, 다음 각 목에 열거한 사항은 제외한다.

  가. 법령에서 정하는 바에 따라 열람할 수 있는 정보

  나. 공공기관이 공표를 목적으로 작성하거나 취득한 정보로서 사생활의 비밀 또는
자유를 부당하게 침해하지 아니하는 정보

  다. 공공기관이 작성하거나 취득한 정보로서 공개하는 것이 공익이나 개인의 권리
구제를 위하여 필요하다고 인정되는 정보

  라. 직무를 수행한 공무원의 성명·직위

  마. 공개하는 것이 공익을 위하여 필요한 경우로서 법령에 따라 국가 또는 지방자
치단체가 업무의 일부를 위탁 또는 위촉한 개인의 성명·직업

---

제3항에서는 "비공개 기록물은 생산연도 종료 후 30년이 지나면 모
두 공개하는 것을 원칙으로 한다. 다만, 제19조제4항 및 제5항에 따라
이관시기가 30년 이상으로 연장되는 기록물의 경우에는 그러하지 아
니하다"라고 하고 있다.

| | |
|---|---|
| **무엇을** | 비공개 기록물은 |
| **한다** | 모두 공개한다. |
| **언제** | 생산연도 종료 후 30년이 지나면 |
| **왜** | 원칙으로 |

본문 부분의 주어인 '기록물관리기관'이 생략되어 있다. 혹 30년이 지났음에도 생산기관에 해당 기록물이 있는 경우에도 원칙적으로는 모두 공개되어야 한다는 말이다. 다만, 30년 이후(국정원의 경우 50년)까지 이관이 연장되도록 협의를 거친 기록물에 대해서는 별도로 처리한다는 단서조항을 부가하고 있음을 볼 수 있다. 이 말은 비공개를 최소화하여 가능한 모든 기록물이 공개되어 기록의 주인인 국민의 품으로 해당 정보가 서비스될 수 있도록 하라는 원칙을 강조하고 있는 것으로 볼 수 있다.

제4항은 "영구기록물관리기관의 장은 기록물 생산기관으로부터 기록물 비공개 기간의 연장 요청을 받으면 제3항 본문에도 불구하고 제38조에 따른 기록물공개심의회 및 위원회의 심의를 각각 거쳐 해당 기록물을 공개하지 아니할 수 있다. 이 경우 비공개로 재분류된 기록물에 대하여는 비공개 유형별 현황을 관보와 인터넷 홈페이지 등에 공고하여야 하고, 재분류된 연도의 다음 연도부터 5년마다 공개 여부를 재분류하여야 한다"라고 하고 있다.

| 누가 | 영구기록물관리기관의 장은 |
|---|---|
| 한다 | 해당 기록물을 공개하지 아니할 수 있다. |
| 언제 | 기록물 생산기관으로부터 기록물 비공개 기간의 연장 요청이 있을 때 |
| 어떻게 | 제38조에 따른 기록물공개심의회 및 국가기록관리위원회의 심의를 각각 거쳐 |

기록물의 공개에 대해서는 생산기관의 어드벤테이지가 큼을 여기

에서도 확인할 수 있다. 기록물의 이관은 원칙적으로 해당 기록물에 대한 관리권한까지 모두 기록물관리기관으로 옮겨지는 것을 의미한다. 그렇기 때문에 이관 전에 기록물의 공개 여부에 대해서 생산기관에서 재분류하도록 함으로써, 이관 이후에는 생산이 종결되고 보유하지 않은 기록물에 대한 책임으로부터 자유를 허용하는 것이라고 할 수 있다.

그런데 제4항은 그 반대의 상황을 설명하고 있는 부분이다. 영구기록물관리기관으로 이관이 이루어진 이후에도 공개 여부에 대해서는 생산기관에서 판단의 재고를 요청할 수 있는 길을 열어 놓음으로써 모든 권한의 이관이라는 원칙에 배치되는 내용을 담고 있는 것으로 해석할 수 있다. 다만, 비공개 기간 연장 요청의 적절성을 엄정하게 판단할 수 있도록 하기 위하여 기록물공개심의회와 국가기록관리위원회의 심의라는 이중의 안전장치를 마련하고 있다. 이는 기록관리의 원칙에 일부 부합하지는 않지만, 기관의 요청을 어느 정도 수용하면서도 적절한 검증장치를 통해서 걸러낼 수 있도록 한 절충의 형태라고 볼 수 있다.

제5항은 "기록물관리기관의 장은 통일·외교·안보·수사·정보 분야의 기록물을 공개하려면 미리 그 기록물을 생산한 기관의 장의 의견을 들어야 한다"라고 하고 있다.

| 누가 | 기록물관리기관의 장은 |
| 한다 | 그 기록물을 생산한 기관의 장의 의견을 들어야 한다. |
| 언제 | 통일·외교·안보·수사·정보 분야의 기록물을 공개하기 전에 |

제4항은 기록물생산기관으로부터의 요청이 있는 경우에 해당하는 일반기록물의 처리절차에 대한 부분이라면, 제5항은 "통일·외교·안보·수사·정보 분야의 기록물"에 대해 기록물관리기관의 장이 공개하려고 할 때, 해당 기록물을 생산한 기관의 의견을 듣도록 한 것이다. 일견 반대되는 모습으로 비춰질 수도 있는 내용이지만, 대상이 '통일·외교·안보·수사·정보 분야'라는 특수성을 지닌 영역이라는 점을 고려해야 한다. 다만, 이 경우에는 제4항과는 달리 기록물공개심의회와 국가기록관리위원회의 심의를 각각 거치도록 의무화하고 있지는 않다. 여기에 해당하는 기록물은 30년 공개원칙에 따라 자동으로 분류되어야 하는 기록물 중 '통일·외교·안보·수사·정보 분야'에 속하는 기록물을 대상으로 하는 것으로 한정해서 해석할 수 있다. 또는 '통일·외교·안보·수사·정보 분야'라는 특성상 공개될 경우 미칠 파급력을 고려한 조치라고도 이해할 수 있다. 이 경우에는 '통일·외교·안보·수사·정보 분야'라는 특수성을 반영하여 취해진 조치라고 할 수 있다.

## ◘ 제36조 영구기록물관리기관 보존기록물의 비공개 상한기간 지정

제36조는 비공개기록물의 상한지정을 할 수 있도록 한 조항으로 '비공개상한제'를 염두에 둔 조항이다.

제36조는 "중앙기록물관리기관의 장은 영구기록물관리기관으로 이관된 기록물에 대하여는 대통령령으로 정하는 바에 따라 기록물의 성격별로 비공개 상한기간을 따로 정할 수 있다"라고 하고 있다.

육하원칙에 따라 읽어보자.

| 누가 | 중앙기록물관리기관의 장은 |
| 한다 | 비공개 상한기간을 따로 정할 수 있다. |
| 무엇을 | 영구기록물관리기관으로 이관된 기록물에 대하여 |
| 어떻게 | 대통령령으로 정하는 바에 따라 기록물의 성격별로 |

우리나라는 보존기간 30년 이상의 기록물이 영구기록물관리기관으로 이관되도록 하고 있지만, 상식적으로는 시간이 경과할수록 보존기간이 정해져 있는 기록물은 감소하고 영구기록물만 남게 될 것이다. 이 경우 기록물에 따라서는 계속해서 비공개인 상태를 유지해야 하는 기록물이 존재할 수 있다.

예를 들어 개인의 의료기록과 같은 경우 공개되면 개인이나 특정 가계의 유전적인 문제 등이 노출될 수도 있다. 따라서 이런 부분은 윤리적인 관점에서 논의가 진행될 수 있는 문제가 될 수 있다. 그렇다고 이런 기록을 무한정 비공개로 두는 것이 적절한지도 검토가 필요하다.

제36조는 이런 현실적인 문제와 윤리적인 문제를 조화롭게 해결하기 위한 수단으로서 반영된 법령조항이라 할 수 있다. 장기보존이 필요한 기록물 중 비공개 기간을 상당한 기간 동안 유지해야 하는 것을 언제까지 비공개인 상태로 유지할 것인가를 검토해야 한다.

부분적으로 비공개 상한기간제도 도입 등을 의한 논의가 있었으나 아직 본격적인 연구가 이루어지고 있지 않은 영역이기도 하다. 외국의 사례에서도 통일된 의견을 볼 수는 없으나 출생 후 100년, 사망 후 100년 등과 같이 기준을 정해서 상한제도를 운영하는 경우를 볼 수 있다.

비공개 상한제도가 필요한 이유는 위의 윤리적 이유도 있지만, 우리나라의 경우 일제의 식민지시기를 거친 역사적 특수성에 따른 고려도 필요한 상황이다. 앞에서 '공개'와 '열람'의 경계에 대한 문제도 말했었지만, 기록물 안에 개인정보와 관련된 내용이 포함된 경우 이해당사자의 의견청취 등의 까다로운 공개조건으로 인하여 일제강점기 등의 기록이 100년 이상이 지난 경우에도 공개할 수 없는 경우가 있다.

따라서 앞서 예로 든 의료기록과 같이 비공개 제한의 사유가 있는 분야는 어떤 것이 있는지 계속해서 연구 검토가 필요하지만, 대한민국 정부 수립 이전의 기록에 대해서는 일괄해서 공개해제를 한다든지 함으로써 독립운동 참여 등과 같은 활동기록을 찾을 때 보다 쉽게 이용할 수 있도록 할 필요가 영구기록물관리기관에 있다고 생각한다.

### ◼ 제37조 비공개 기록물의 열람

제37조는 비공개기록물의 열람을 규정하고 있는 내용이다. 앞서 '정보공개'와 '열람'의 차이에 대해 언급하였으나, 비공개 기록물은 기본적으로 '공개'의 대상에서 열외로 놓이는 기록이다. 비밀의 해당 기록 자체가 존재하는지에 대해서도 일정범위 내에서 보호해야 한다. 따라서 비공개기록물에 대해서는 좀 더 엄격한 접근과 적용이 이루어져야 한다.

제37조 제1항은 "영구기록물관리기관의 장은 해당 기관이 관리하고 있는 비공개 기록물에 대하여 다음 각 호*의 어느 하나에 해당하는 열람 청구를 받으면 대통령령으로 정하는 바에 따라 이를 제한적으로 열람하게 할 수 있다"라고 하고 있다.

육하원칙에 따라 읽어보자.

* 4개의 사항에 부합될 때 비공개정보의 열람이 허용될 수 있도록 하였다.

| 누가 | 영구기록물관리기관의 장은 |
| 한다 | ① 다음 각 호의 어느 하나에 해당하는 열람 청구를 받으면, ② [비공개기록물을] 제한적으로 열람하게 할 수 있다. |
| 무엇을 | 해당 기관이 관리하고 있는 비공개 기록물에 대하여 |
| 어떻게 | 대통령령으로 정하는 바에 따라 |

기본적인 열람대상은 당사자나 대리인이어야 하거나, 공공기관의 업무상 필요성이 입증되는 경우, 비영리 연구목적인 경우 등 일정한 조건하에서 제한적인 열람이 가능하도록 한 조치로 이해할 수 있다. 이 조치 역시 대원칙인 기록정보의 공개주의를 지향하는 것이라 할 수 있다. 기록의 주인은 업무활동의 당사자인 생산자도, 그 기록을 관리하는 기관도 아니다. 기록의 최종 주인은 국민이며, 공공기관이나 공무원은 각자의 위치에서 기록에 대한 관리책임을 담당하는 것이다. 따라서 기록은 국민의 품에 돌아갈 수 있도록 해야 하는 것이 원칙이라고 생각한다.

다만, 비공개기록물은 기록정보의 내용, 속성 등에 따라 시간과 대상 등에 보호의 조건이 붙은 것들이다. 그렇기 때문에 조건을 완화하거나 제한을 해제하기 위해서 필요한 절차를 만들어서 보완한 것으로 제37조를 이해할 수 있다.

제2항은 "제1항에 따라 비공개 기록물을 열람한 자는 그 기록물에 관한 정보를 열람신청서에 적은 목적 외의 용도로 사용할 수 없다"라고 하고 있다.

일반국민의 경우 열람 목적 외 사용하는 경우, 그로 인해서 누군가의 명예가 훼손되거나 국정운영에 영향을 미칠 정보를 누설했을 경우

민형사법 등에 따라 조치를 취할 수 있다. 그런데 국회의원의 경우 면책특권에 의해서 작은 꼬투리도 정치적으로 이용할 수 있는 것이 현재 법령의 구조다. 과도한 면책특권은 축소되어야 한다. 물론 국민의 대변인으로서 알권리를 보장해야 한다는 주장 자체에는 반대하지 않지만, 사실을 필요에 따라 왜곡하고 일부만 발췌하는 등의 방식으로 곡해하는 일이 발생해서는 안 된다. 국민이 알고 싶어 할 것이라고 누구도 미리 예단해서는 안 된다. 공공기록물법에서 그 부분을 제어할 수 있도록 담는 것은 입법체계상 어려울 것으로 생각한다. 하지만 면책특권의 뒤에 숨어서 사적 이익을 누리는 폐단은 줄일 수 있어야 한다고 생각한다.

## ◉ 제38조 기록물공개심의회

제38조는 제37조의 비공개 기록물의 열람을 어떻게 해야 하는지에 대한 방법을 설명하는 규정으로 4개의 항으로 구성되어 있다. 제1항은 기록물공개심의회의 심의 범위에 대해서, 제2항은 심의회의 구성에 대해서, 제3항은 위원의 구성방법에 대해서, 제4항은 심의회 회의록의 관리에 대해서 언급하고 있다.

제1항은 "영구기록물관리기관은 다음 각 호*의 사항을 심의하기 위하여 기록물공개심의회를 설치·운영하여야 한다"라고 하고 있다.

제2항은 "기록물공개심의회는 위원장 1명을 포함하여 7명의 위원으로 구성하고, 위원장과 위원의 임기는 2년으로 하며, 연임할 수 있다"라고 하고 있다.

---

* 비공개 연장 요청에 관한 사항과 영구기록물관리기관의 장이 요청하는 사항에 대해 심의.

제3항은 "기록물공개심의회의 위원은 소속 공무원 및 기록물의 공개와 관련된 지식과 경험이 풍부한 사람 중에서 영구기록물관리기관의 장이 임명하거나 위촉하며, 그 구성과 운영에 관한 사항은 대통령령으로 정한다"라고 하고 있다.

제4항은 "기록물공개심의회의 회의록 작성·보존에 관하여는 제15조제6항을 준용한다"라고 하고 있다.

제1항부터 제4항까지를 묶어서 육하원칙에 따라 읽어보자.

**누가**  영구기록물관리기관은
**한다 1**  (소속 공무원 및 기록물의 공개와 관련된 지식과 경험이 풍부한 사람 중 위원장 1명을 포함하여 7명의 위원으로 구성하여) 기록물공개심의회를 설치·운영하여야 한다.
**무엇을**  (비공개 연장 요청에 관한 사항과 영구기록물관리기관의 장이 요청하는 사항에 대해) 심의하기 위하여
**어떻게**  대통령령으로 정하는 바에 따라
**한다 2**  기록물공개심의회의 회의록(은 국가기록관리위원회의 방식을 준용하여) 기록물공개심의회의 회의록을 작성·보존(한다.)

이를 정리하면 "영구기록물관리기관은 소속 공무원 및 기록물의 공개와 관련된 지식과 경험이 풍부한 사람 중 위원장 1명을 포함하여 7명의 위원으로 비공개 연장 요청에 관한 사항과 영구기록물관리기관의 장이 요청하는 사항에 대해 심의하기 위하여 기록물공개심의회를 설치·운영하여야 한다. 기록물공개심의회의 회의록은 국가기록관리위원회의 방식을 준용하여 기록물공개심의회의 회의록을 작성·보존한다"라고 재구성할 수 있다.

이를 통해서 기록물공개심의회는 공공기관에서 운영하는 정보공개

심의회와 성격이 다름을 알 수 있다. 또한 회의록 생산의무에 해당하는 국가기록관리위원회의 회의록 관리를 준용하도록 함으로써 형식적인 관리절차 만이 아니라, 영구기록물관리기관의 기록관리 활동을 장기보존할 수 있도록 필요한 조치를 하라는 의미로 이해할 수 있다.

기록정보의 공개는 엄격하고, 신중하게 처리하되 그렇다고 편협되지 않게 되어야 한다.

## ◉ 제38조의2 영구기록물관리기관 보존기록물의 활용

기록관리의 꽃은 기록이 적절하게 활용될 수 있도록 관리하여 국민에게 제공하는 데 있다. 제38조의2는 공공기록물법이 전부개정 된 이후에 새롭게 반영된 내용으로 영구기록물관리기관이 마땅히 수행해야 할 기능을 다시 상기시켜주는 내용이다. 이 조항은 중앙기록물관리기관, 헌법기관기록물관리기관, 지방기록물관리기관 및 대통령기록관 등 영구기록물관리기관 모두에게 공통적으로 적용된다.

법령에서는 "영구기록물관리기관의 장은 그 기관이 보존하고 있는 기록물의 공개 및 열람 편의를 제공하기 위하여 기록물을 정리(整理) · 기술(記述) · 편찬하고, 콘텐츠를 구축하는 등의 사업을 추진하여야 한다"라고 하고 있다.

육하원칙에 따라 읽어보자.

| | |
|---|---|
| **누가** | 영구기록물관리기관의 장은 |
| **한다** | ① 기록물을 정리(整理) · 기술(記述) · 편찬하고, |
| | ② 콘텐츠를 구축하는 등의 사업을 추진하여야 한다. |
| **무엇을** | 그 기관이 보존하고 있는 기록물 |

**왜**　　　공개 및 열람 편의를 제공하기 위하여

이 부분을 읽을 때 주의해야 할 부분은 기록물의 "정리(整理)·기술 (記述)·편찬"과 "콘텐츠를 구축"하는 것의 목적이 "공개 및 열람 편의 를 제공"에 있는 것으로 한정해서는 안된다는 점이다. 반복해서 말하 지만 기록정보는 국민의 것이다. 따라서 기록물관리기관은 보유하고 있는 기록물이 최상의 상태로, 최고의 조건에서 이용될 수 있도록 노 력을 해야 한다. 하지만 그것만이 목적인 것은 아니다.

기록물관리기관은, 특히 영구기록물관리기관은 관할하고 있는 범위 내에 속한 영구기록물의 최종적인 보호기관이다. 따라서 기록정보가 가장 안전하고 효과적으로 관리될 수 있도록 보호할 책임과 의무가 있다.

국민의 이용에 제공하는 것과 기록물을 안전하게 보호하는 것은 상 호보완적인 의무이자 책임이다. 그런 점에서 제38조의2를 읽을 때 국 민의 이용에만 방점을 찍고 '무조건' 서비스만을 강조하는 것은 문제 가 있다. 특히 기록물에 대한 "정리(整理)·기술(記述)"이 부족(불완전) 한 상태에서 무리해서 편찬하거나 콘텐츠를 구축하는 일을 하는 것은 삼가야 한다.


# 제9장 기록물관리의 표준화 및 전문화

## ◎ 제9장 개관

제39조를 읽기 전에 제9장 전체를 개괄해보자. 기록물관리를 위한

표준화 및 전문화를 목표로 표준화는 표준의 대상이 되는 분야 및 표준제정 절차 등을 다루고 있다. 전문화 영역은 기록전문직으로서 기록물관리 전문요원과 기록물관리 종사자에 대한 교육·훈련을 다루고 있다.

표준화는 제6조, 제20조, 제20조의2 등에서 반복적으로 언급한 전자기록관리—전자적 기록관리를 포함한다—를 효율적으로 이행하기 위한 수단으로서 어떻게 기록관리의 표준을 만들어갈 것인가에 관심을 두고 있다. 전문화는 기록물관리기관 외부에서의 훈련받은 전문인력과 공공기관 내부에서 기록물관리업무를 담당하게 되는 직원에 대한 역량의 개발 등을 다루고 있다.

기록물관리가 전문성을 띠기 위해서는 기록관리업무가 표준화되고 기본적으로 표준적인 체계나 표준이 반영된 시스템이 작동될 수 있도록 해야 한다. 그리고 운영과정에서 나타나는 문제점을 피드백하여 제도개선 및 프로세스, 시스템 등 체계의 개선이 이루어져야 한다. 기록관리가 체계화되고 표준화되어도 그것을 운영할 사람이 전문화되지 않으면 안되기 때문에 종사자에 대한 교육·훈련은 지속적이고 반복적으로 이루어져야 한다.

공공기록관리 제도가 만들어지고 20년이 넘는 시간이 지났다. 여전히 현장에서는 혼선이 발생하고 있고, 그 혼선은 고스란히 기록관리 업무를 담당하고 있는 사람들의 어려움으로 남는다.

공공기록물법에서 제시하고 있는 목표와 각급 기관과 기록물관리 기관이 서 있는 현실은 어쩌면 영원히 만날 수 없을 것 같은 평행선 위를 걷고 있다는 생각이 들기도 한다.

목표와 각자 가고 있는 길이 너무 멀어서 보기에는 하나인 것처럼 보이는 소실점이 있기라도 한 것처럼 착각하고 있지는 않은가 하는 생각도 해본다.

제1조에서 말한 "공공기관의 투명하고 책임 있는 행정 구현과 공공기록물의 안전한 보존 및 효율적 활용"을 위해서 표준화 영역은 강화되어야 한다. 그러나 표준화가 또 다른 규제가 되어서 '기록' 활동의 제약이 되어서도 안 된다.

어찌 보면 표준화라는 과제는 어느 정도의 '규제와 자유' 사이에서 적절한 긴장관계가 유지될 때 실효성 있게 추진될 수 있는 것이 아닐까 생각된다.

교육·훈련의 경우도 표준화와 마찬가지로 적절한 긴장이 필요한 영역이 아닐까 생각한다. 기록관리 실무에서 더 많은 자유를 원하는 공공기관과 담당자들에게 마땅히 해야 할 것을 전달하는 일이 간단치는 않다.

몇 가지 문제를 안고 있지만, 앞선 제8장까지 다루어 온 기록관리의 제반영역이 온전히 작동하도록 하는데 기록물관리의 표준화와 전문화가 차지하는 비중은 결코 작지 않다고 생각한다.

## ◼ 제39조 기록물관리의 표준화, 제40조 기록물관리 표준의 제정 절차 등

제39조는 "중앙기록물관리기관의 장은 기록물의 체계적·전문적 관리 및 효율적 활용을 위하여 다음의 사항에 대한 표준을 제정·시행하여야 한다. 다만, 기록물관리 표준과 관련된 사항이 「산업표준화법」에 따른 한국산업표준으로 제정되어 있는 경우에는 그러하지 아니하다"라고 하고 있다.

표준화에서의 강조점은 체계적, 전문적, 효율적인 키워드를 통해서 확인할 수 있다.

제39조를 육하원칙에 따라 읽으면 다음과 같다.

| | |
|---|---|
| **누가** | 중앙기록물관리기관의 장은 |
| **한다** | 표준을 제정·시행하여야 한다. |
| **무엇을** | (제1호부터 제6호까지의 사항에 대한) |
| **왜** | 기록물의 체계적·전문적 관리 및 효율적 활용을 위하여 |

표준의 작성 및 제정의 주체가 중앙기록물관리기관에 있음을 말한다. 다만, 산업표준과 관련된 경우 「산업표준화법」으로 지정된 표준이 우선한다.

기록관리의 목적 달성을 위해서 기록물의 안전한 보존과 효율적 활용이라는 두 개의 축을 중심으로 이루어진다. 제39조에서는 이를 '기록물의 체계적·전문적 관리 및 효율적 활용'이라는 이름으로 표현하고 있다. 이러한 내용이 법의 목적과 부합하는지, 목적을 달성하도록 작동하는 데 효과적으로 적용할 수 있는지를 살펴보아야 한다. 여기에 더해서 이 내용은 '기록관리 표준화'를 위한 내용이므로, 기록관리 표준화를 통해서 기록물의 체계적·전문적 관리와 효율적 활용을 보장할 수 있는지 검증되어야 한다. 체계적·전문적 관리는 '기록물의 안전한 보존'으로 연결되고 자연스럽게 기록물의 효율적 활용이 이루어질 수 있다고 하는 것을 전제로 한다.

제40조는 기록관리 표준화를 위한 제정 절차를 규정하고 있다. 제1항은 표준의 제정·개정 또는 폐지절차를, 제2항은 표준이 적절하게 작동할 수 있도록 하기 위한 지도·교육을 말하고 있다.

제40조 제1항은 "중앙기록물관리기관의 장은 제39조에 따른 기록물 관리 표준을 제정·개정 또는 폐지하려면 대통령령으로 정하는 바에 따라 그 내용을 관보 등에 고시하여 이해관계인의 의견을 들어야 한다"라고 하고 있다.

육하원칙에 따라 읽어보자.

| | |
|---|---|
| **누가** | 중앙기록물관리기관의 장은 |
| **한다** | 관보 등에 고시하여 이해관계인의 의견을 들어야 한다. |
| **왜** | 기록물관리 표준을 제정·개정 또는 폐지하려면 |
| **어떻게** | 대통령령으로 정하는 바에 따라 |

표준의 영향력은 법령의 수준까지는 아니지만 파급력과 일정한 정도의 강제성을 갖는다. 물론 선택적으로 적용할 수 있는 표준의 경우에는 표준을 응용하여 기관에서 다양한 형태로 수정 적용하는 것이 가능하다. 그렇지만 의무표준인 경우에는 해당 표준이 지켜지지 않으면 관련된 업무가 유기적으로 결합되지 못하는 문제가 생길 수 있다. 따라서 다양한 표준의 제반 요소들을 기록관리 담당자들은 고려해야 한다.

그런 점 때문에 표준을 제정·개정 또는 폐지하는 것과 같은 변화가 있을 때, 사전에 충분한 검토와 의견수렴이 필요하다. 이를 위해서 관보 등의 고시절차를 두고 있는 것이다. 2007년 기록관리 표준이 법령에 반영됨으로써 일부 「산업표준화법」에 따라 적용되던 부분이 확장되어 기록관리의 제반 영역을 표준이 포괄하게 되었다. 주로 전자기록관리와 관련되어 이루어지는 내용이 대부분이지만 실제로는 기록관리 체계 전반에 대한 이해를 전제하여 만들어지고 있는 것이기 때문에 적용범위는 기록관리 전체라고 보아야 한다.

절차적 완결성도 중요하지만 결국 표준은 그 내용이 중요하다. 표준은 국가기록관리 전체의 목표와 방향에 부합하면서 기록정보 상호 간의 유기적 연계가 이루어질 수 있도록 하는 실제적인 활동을 정의할 수 있어야 한다. 그래야 표준을 따라 시스템을 개발하고, 표준에 맞추어 시스템을 운용하며, 표준에 의해 주고받은 기록정보를 보존하고 활용하는 업무가 가능해진다.

### ◼ 제41조 기록물관리 전문요원, 제42조 기록물관리 교육·훈련

제41조는 제9장 전체를 관통하는 주제인 체계적·전문적 기록관리를 하기 위한 수단으로서 인적자원인 기록물관리 전문요원에 대해 다루고 있다. 제1항은 기록물관리기관에 전문요원을 배치하여야 한다고 하고, 제2항에서는 이를 위한 영구기록물관리기관들의 역할에 대해 다루고 있다. 마지막 제3항에서는 중앙기록물관리기관의 장에게 종합적인 수요파악 및 양성계획의 수립을 하도록 권한을 부여하고 있는 내용으로 구성되어 있다.

제42조에서는 중앙기록물관리기관에서 마련해야 하는 교육·훈련 대책에 대해 규정하고 있다.

제41조 제1항부터 육하원칙에 따라 읽어보자.

제41조 제1항은 "체계적·전문적인 기록물관리를 위하여 기록물관리기관에는 기록물관리 전문요원을 배치하여야 한다"라고 하고 있다.

| 누가 | 기록물관리기관에는 |
|---|---|
| 한다 | 기록물관리 전문요원을 배치하여야 한다. |
| 왜 | 체계적 · 전문적인 기록물관리를 위하여 |

단순 명료하게 정의하고 있다. 기록물관리기관에는 기록전문가로서 기록물관리 전문요원을 배치하여야 한다. 왜? 기록물의 체계적이고 전문적인 관리를 위해서라고 말이다.

우리나라에는 아키비스트에 대응하는 용어가 없이 기록물관리 전문요원이라는 용어를 사용하고 있다. 임용할 때, '기록연구직'으로 임용되기도 하지만, 기관의 성격에 따라서는 '행정직'이나 '사서직'의 형태로도 임용될 수 있고, 공공기관의 경우에는 직원(사원)이 되기도 한다. 이제는 기록전문가를 식별할 수 있는 용어를 구별하여 사용할 필요가 있다.

기록물관리 전문요원이 아키비스트와 동의어로 사용되기 위해서는 그들이 속한 기록물관리기관에서의 역할과 기능이 기록물관리 전 과정의 업무를 포괄적으로 운영할 수 있어야 하며, 기록물 정리, 기술, 분류, 평가 등을 수행할 수 있어야 한다. 물론 시행령에서는 해당 기능을 할 수 있도록 규정하고 있는 법령체계상 (특수)기록관에서는 일부 기능이 반영되어 있지 않아, 실제 기록물관리 전문요원이 아키비스트보다는 레코드 매니저의 성격에 더 치우쳐 있는 경우도 있다.

그런 점들을 고려하여 큰 틀에서 기록물관리에 대한 고민이 필요하다고 생각한다.

제41조제2항에서는 "기록물관리 전문요원의 자격 및 배치인원 등에 관하여 필요한 사항은 국회규칙, 대법원규칙, 헌법재판소규칙, 중앙선

거관리위원회규칙 및 대통령령으로 정한다"라고 하고 있다.

| 무엇을 | 기록물관리 전문요원의 자격 및 배치인원 등에 관하여 필요한 사항은 |
|---|---|
| 한다 | 국회규칙, 대법원규칙, 헌법재판소규칙, 중앙선거관리위원회규칙 및 대통령령으로 정한다. |

사실상 주어가 생략된 문장이다. 공공기관은 당해 기관(소속기관을 포함)의 기록물관리를 위하여 기록물관리 전문요원을 배치하여야 하며, 그 자격 및 배치인원 등에 관해서는 헌법기관기록물관리기관 설치대상기관과 행정부에서 각각 정한다로 읽어야 한다.

배치인원은 각각의 기관의 기록물관리 수요에 따라 달라질 수 있고, 인사는 기관 고유의 권한이다. 그런데 자격에 대해 필요한 사항까지를 달리 정할 수 있도록 한 것은 "3권분립의 원칙을 준수하기 위해서인가?"라는 의문이 든다. 왜일까? 헌법기관에 요구되는 기록물관리 전문요원의 전문성과 행정부에서 근무하는 기록물관리 전문요원의 전문성에 차이가 있는 것일까?

기록물관리의 전문성 못지않게 독립성도 중요하다고 생각한다. 기록물관리의 독립성은 행정부나 헌법기관 모두로부터 독립적이어야 한다는 의미로 사용되어야 한다고 생각한다. 헌법의 정신에 기초하여 기록물관리의 독립성이 부여되고 그에 기반하여 기록물관리 활동이 이루어질 수 있도록 할 필요가 있다고 본다.

제41조제3항은 "중앙기록물관리기관의 장은 기록물관리 전문요원을 포함한 전문인력의 수요 파악 및 양성 등에 관한 계획을 수립하여야

한다"라고 하고 있다.

| | |
|---|---|
| **누가** | 중앙기록물관리기관의 장은 |
| **한다** | 계획을 수립하여야 한다. |
| **무엇을** | 기록물관리 전문요원을 포함한 전문인력의 ① 수요 파악 및 ② 양성 등에 관한 |

　제2항에서는 3권분립에 기반한 자격 및 배치를 말하고 있는데, 기록전문가 전체에 대한 수요파악 및 양성에 대해서는 중앙기록물관리기관의 장에게 의무를 두고 있음을 볼 수 있다. 물론 협의의 의미로 제2항에서 이미 분리하고 있으므로, 제3항에서 중앙기록물관리기관의 장에게 부여하고 있는 역할은 행정부에 국한하는 것이라고 해석할 수도 있을 것이다. 그렇지만 문맥상으로 볼 때 그렇게 협의로 해석할 여지는 없을 것 같다. 따라서 제2항과 제3항은 내용적으로 합치되지 않는 조항으로 읽힌다.

　만약 제2항에서 문제제기했듯이 기록물관리의 독립성이 보장된 상태라면 각각의 기록물관리기관에서 필요한 기준과 원칙을 정하고, 중앙기록물관리기관은 국가 전체의 기록물관리를 이끌어가는 차원에서 전체적인 인력수요의 파악과 그에 따른 양성계획의 수립을 한다고 보면 자연스럽게 읽혀진다.

　여하튼 중앙기록물관리기관은 '기록물관리 전문요원'만이 아니라 기록물관리기관에 종사하는 '전문인력'에 대한 전반적인 수요를 파악해야 하고, 필요한 수요를 충족시킬 수 있도록 인력양성에 관한 계획을 수립하여야 한다.

제42조에서는 "중앙기록물관리기관의 장은 대통령령으로 정하는 바에 따라 기록물관리에 관한 교육·훈련 대책을 수립·시행하여야 한다"라고 하고 있다.

| 누가 | 중앙기록물관리기관의 장은 |
|---|---|
| 한다 | 교육·훈련 대책을 수립·시행하여야 한다. |
| 어떻게 | 대통령령으로 정하는 바에 따라 |

제42조의 교육훈련은 보수교육에 해당한다. 제41조가 기록물관리기관에 들어가기 전에 이루어지는 것이라면, 제42조는 기록물관리기관에 근무하는 인력을 대상으로 하는 교육훈련을 말한다. 즉, 기록물관리와 관련하여 최신의 동향을 파악하고, 서로 다른 환경에서 근무하면서 경험하는 사항들을 공유하는 등의 활동이 이루어질 수 있도록, 다양한 형태의 교육훈련이 이루어지도록 하여야 한다.

문제는 현재의 교육시스템으로는 적정한 수준에서의 교육훈련이 이루어지고 있다고 보기 어렵다. 일례로 기록물관리기관으로 한정하고, 그 범위를 기록물관리 전문요원(전문요원이 없는 경우에는 해당 업무 지정자)으로만 한정한다고 하더라도 행정부(정부산하 공공기관 포함)에서만 1,800여 명의 교육수요가 발생한다. 매년 1회씩의 교육에 참여하도록 한다고 할 때, 기록관리 분야별, 기록물관리기관 유형별, 소속기관의 유형별, 근무기간별 등 다양한 요소들을 고려하면 교육훈련 프로그램의 다양화가 필요하다. 또한 단순 강의 중심의 집합교육으로는 필요한 수요를 충족시킬 수 없다.

제41조와 제42조는 중장기적인 전망을 갖고, 인력 양성 및 재교육을 훈련프로그램을 입체적으로 마련할 수 있도록 하여야 한다.

# 제10장 민간기록물 등의 수집·관리

공기록과 대비되는 관점에서 사기록 또는 민간기록이라고 공공영역에 속하지 않은 기록을 표현한다. 제10장 민간기록의 경우에는 처음부터 민간에서 생산한 기록을 포함하지만, 상당수의 경우에는 공적인 업무활동과 관련된 기록으로 민간이 소유하고 있는 것들을 포함하는 것으로 이해된다. 이 경우 처음에는 공기록이었으나 중간에 어떤 연유가 있었건 민간에서 보유하게 된 기록을 적극적으로 공기록의 영역으로 재포함시키기 위한 조치의 하나가 10장에 반영된 것으로 볼 수 있다. 정확한 비유는 아니지만 이른바 고아기록을 만들지 않고, 공공영역의 기록자원의 빈틈을 줄이기 위한 안전장치가 제10장 민간기록과 관련된 내용이라고 할 수 있다.

법령에서는 민간기록에 대한 정부의 조치수단을 '지정기록물'의 형태로 운영하는 방식을 채택하고 있다.

제43조는 "국가지정기록물의 지정 및 해제"를, 제44조는 "국가지정기록물의 변동사항 관리"를, 제45조는 "국가지정기록물의 보존·관리"를 다루고 있다. 국가지정기록물의 "지정 ⇒ 변동사항 관리 ⇒ 보존 ⇒ 관리/해제"의 프로세스를 그려볼 수 있다. 제46조는 해외를 포함한 주요 기록정보자료의 수집에 대한 내용을 다루고 있으며, 제46조의2는 헌법기관에서의 민간기록물 수집에 대해 언급하고 있다.

여기에서는 육하원칙보다는 몇 가지 쟁점 중심으로 정리하는 것으로 대신한다. 첫째, 국가적으로 보존할 가치가 있음을 어떻게 판단할 것인가의 문제가 있다. 국보나 보물의 지정과 관련해서 그 순서가 정해진 이유를 지금 우리는 납득할 수 없다. 수많은 민간기록 중에서 어떤 기록이 국가적 가치가 있을지에 대해서는 사례별로 판단할 수밖에 없다. 이 과정에서 객관적이고 합리적인 의사결정이 내려져야 한다. 절차적 합리성만으로는 채울 수 없는 부분이 있다. 공식적인 관리 프로세스에 따라 이관되고 관리되는 공공기록의 경우에는 내용정보를 식별하는데 도움이 되는 메타데이터를 포함하고 있어서 기록관리에 필요나 신뢰성을 업무과정에서 증명할 수 있게 된다. 반면에 민간기록은 프로세스에 따라서는 기록의 신뢰성을 입증하기가 어렵고, 오로지 '가치'에 따른 평가가 이루어져야 한다. 그런 점에서 가치평가에 대한 기준과 해당 기록의 가치를 엄정하게 평가할 수 있는 평가단(풀)의 형성이 필요하다.

둘째, 소유권의 문제에 대해 이견발생 시 효과적으로 대응하기가 어렵다는 문제가 있다. 물론 형식적으로 기증한 경우가 아닌 경우 위탁관리를 하거나 지정 이후 직접 관리를 하게 되는데, 당연히 소유권은 현재의 소유자에게 귀속이 된다. 과거에 공공기록이었다고 하더라도 그것을 강제적으로 집행할 수는 없다. 소유자의 의견을 들어야 하고, 그 의견은 존중되어야 하는데 생각지 못했던 문제들이 발생할 수 있음을 항상 염두에 두어야 한다.

셋째, 좀 더 근본적인 질문으로 들어가서 국가지정기록물제도나 민간기록물(해외기록물 포함)의 수집을 유지할 필요가 있을까 하는 점이다. 정부의 업무가 두부모 자르듯이 나눠지지 않는 부분이 많다. 업무가 상호 중첩되거나 보완적으로 움직일 때 효과적일 수 있다. 때로는 우리보다 다른 쪽에서 인력, 예산 등의 투입에 있어서 능동적으로 활동할 수 있는 영역이 넓을 수도 있다. 그렇다면 한정된 자원(인적·물적자원 모두를 포함)을 공공기관의 기록관리에 더 효과적으로 투입할 수 있도록, 역할을 나누고 공유하는 쪽으로 전환하는 것도 고려할 필요가 있지 않을까 생각한다.

국가운영의 전체 그림이 허점이 없이 잘 관리되기를 바란다. 그러나 많이 갖고 있다고 해서 좋은 기록관리는 아니라고 생각한다. 정말로 필수적이고 핵심적이어서 어떤 경우에도 유지해야 하는 기록이 무엇일지 민간기록의 관리와 관련된 법령을 보면서 생각하게 된다.

## 제10장의2 기록문화 확산 기반 구축 등

※ 제11장(보칙), 제12장(벌칙) 포함

최근에 공공기록물법에 반영된 내용의 하나로 '기록문화'를 모토로 가야 할 방향을 정하고 있는 내용이 제10장의2이다.

제46조의3은 기록관리의 국제참여 활동의 일환으로서 외화된 활동을, 제46조의4는 '기록의 날'을 지정하여 기념일로 기록이 국민의 삶 속에 좀 더 스며들 수 있도록 하자는 내용을 담고 있다.

ICA나 EASTICA와 유네스코 등과 같은 국제기구에서의 활동도 중요하다. 기록관리와 관련한 국제적인 동향을 파악하고, 각국의 상황을 좀 더 깊이 있게 이해하는 계기가 되기도 한다. 외국의 기록관리 경험과 이론이 초기 우리나라의 기록관리 기반을 빠른 속도로 다져가는데 도움이 되었듯이 다양한 교류활동은 기록관리의 역량을 높여가는 수단이 될 수 있다고 동의한다.

그러나 좋다고 모든 것을 할 수는 없지 않을까? 우리가 지금 역량을 분산시켜가면서 여러 가지를 동시에 하는데 필요한지 생각할 필요가 있다. 지금은 선택과 집중이 필요하지 않을까 생각한다.

정부예산의 경직성으로 인해서 그때그때 필요한 사업을 탄력적으로 운용하기는 힘들지만, 가능한 범위 안에서 유연하게 활동할 수 있도록 하는 것이 필요하다. 공을 굴리면 굴러가지만, 그 방향이 언덕 위를 향하면 밑에서부터 힘들게 받치며 올라가야 한다. 어느 순간 힘이 다해서 놓치기라도 하면 아래로 향해 되돌아간다.

기록관리가 존재해야 하는 이유를, 기록관리를 통해서 우리사회는 어떤 유익을 받는지 적극적으로 홍보하고 알리는 노력도 필요하다. 전통적인 홍보수단 이외에도 다양한 매체와 도구를 활용하여 기록관리 활동을 알릴 수 있다. 또 개인적으로 기록에 열심인 사람들을 찾아 그들과 SNS와 같은 가상공간에서의 연계와 교류, 그리고 협력할 수 있는 방안을 찾는 노력도 필요하다고 생각한다.

제11장 보칙과 제12장 벌칙은 지금까지 살펴본 육하원칙에 따라 읽는데 적합하지 않은 구조로 쓰여져 있는 경우가 많다. 따라서 제10장 및 제10장의2와 같이 별도로 분석하지는 않는다. 다만, 벌칙 제51조의 개정 내용과 같이 법령은 최근에 개정되는 내용이 있는지 확인하고, 읽어보는 습관을 갖는 것이 좋다.

지금 내 기억 속에 있는 것을 너무 과신하지 않아야 한다. 동일한 조건하에서도 경험하고 기억하는 것이 다를 수 있다. 업무를 기록하는 것은 그러한 차이를 줄이기 위함이다. 공공기록물 법령을 읽는 것은 살아있어 끊임없이 성장 변화하고 있으며, 기록환경과 계속해서 상호관계하면서 만들어지고 있는 것을 보다 효과적으로 이해하고 적용할 수 있는 방법을 찾으려는 데 있다.

일차적으로 육하원칙에 따른 법령읽기 방법을 마무리한다. 법을 읽을 때 절대적인 원칙은 없다. 나름대로의 방법을 찾아서 다양하게 읽을 수 있다고 생각한다. 나 역시 법령을 읽을 때 한 가지 방법만을 사용해서 읽지는 않는다. 그래서 다음에는 법령을 읽을 때 소소하게 적용하는 몇 가지 방식들을 넘나들면서 계속할 생각이다. 또 이번 법령 읽기에서는 가능한 법률 중심으로 한정했는데, 이후 이어지는 읽기는 하위법령인 시행령과 시행규칙을 고려하고, 필요한 경우 유관법령들도 찾아가면서 읽어갈 생각이다.

　노파심에 한마디만 덧붙이자면, 가급적 법령을 업무와 관련된 내용에 국한해서 읽지 않았으면 한다. 자칫 나만의 세계에 갇혀서 폭넓은 관점을 놓칠 수도 있기 때문이다.

# 제 3 부
# 다양한 방식의 법령 읽기

# 1. 다양한 읽기방식 만들어가기

기록관리 업무에 종사하는 동안 읽기는 반복해야 한다. 지금 주어진 업무를 효과적으로 수행하기 위해서도, 서로 다른 환경과 이해를 가진 사람들과의 협의를 위해서도 읽는 필요하다. 기관에서 공식적으로 해석한 법령의 유권해석이 있지만, 유권해석만으로 채워지지 않는 부분이 있다. 이 부분들을 어떻게 효과적으로 채울 수 있을까? 나름대로의 방식으로 법령을 읽고, 그것을 자신이 근무하는 업무현장에 적용해보는 것들이 필요하다고 생각한다.

금과옥조처럼 여겼던 '출처의 원칙'이나 '원질서의 원칙' 등도 현장에서의 치열한 적용과 상호토론의 과정을 거치면서 만들어진 것이다. 전자기록시대를 맞아 4대 속성으로 자리 잡은 진본성, 무결성, 신뢰성 및 이용가능성도 호주의 기록관리를 반영하여 국제표준이 되었고, 우리나라는 이것을 법령에까지 반영하여 명문화한 것이다.

앞으로 또 어떤 이론이나 신기술이 기록관리에서 제기되고 채용될지 알 수 없다. 그러나 질문하지 않으면 과거에 머무를 수밖에 없다. 우리가 다루는 기록은 '이미 만들어진' 것이지만, 기록은 지금도 만들어지고 있고, 앞으로도 계속해서 만들어질 것이다. 오늘을 미래로 향하게 하지 않고, 과거에 머무르게 하는 방법은 간단하다. 아무것도 하지 않으면 된다. 법령은 바람직한 미래를 지향하는 역할을 하기도 하지만, 지금 우리가 어떻게 해야 할 지에 대한 바람직한 모습을 제시하기도 한다. 현재에 머물러 있으면 뒤처지고 만다. 각자의 방법으로 다양한 읽기방식을 만들어갈 필요가 있다고 생각한다.

## 2. 행위자 중심으로 법령 읽기

세상을 바라보는 관점은 크게 두 가지가 있다. '나의 삶'을 주인으로 보는 관점과 '타인의 삶'을 주인으로 보는 것이다. '타인'은 가족, 이웃, 사회, 국가, 인류로 확장될 수도 있다. 누구나 자아를 중심으로 세상을 바라보지만, 세계관에 따라 문제를 보고, 해석하며, 이해하는 것이 달라진다. 나와 타인의 사이에서 균형을 유지하는 것은 간단한 일이 아니다.

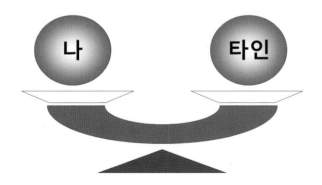

"I am"으로 법령 읽기는 '나' 또는 '타인'이 누구인지를 판단하면서 읽는 방법이다. 물론 법령이기 때문에 비교적 행위 주체인 주어가 명

확하게 제시되어 있고, 그 행위 주체를 따라가다 보면 자연스럽게 무엇을 해야 하는지 알 수 있다. 왜 굳이 이렇게 읽어야 하는 의문이 생길 수도 있다. 충분히 일리 있는 의문이라고 생각한다. 다만, 이렇게 읽는 방법도 육하원칙으로 읽기와 같이 법령을 이해하는데 무엇인가 막힐 때 종종 사용하는 방식이고, 이 방식을 적용했을 때 좀 더 입체적으로 법령이 보였다는 경험적인 이유 때문에 가끔씩 법을 뜯어서 읽을 때 사용하고 있다.

한글이 영어권 국가의 언어와 큰 차이는 동사의 위치에 있다고 한다. 그러나 모든(?) 언어가 그렇듯이 예외적인 상황이 아니라면 '주어'가 제일 먼저 나온다. 다른 언어와의 차이에도 불구하고 우리 말도 '주어'가 제일 앞에서 시작한다. 따라서 주어가 무엇을 하는가를 바라보는 것은 대단히 중요한 일이다. 간혹 우리는 열심히 일을 하는데 '왜'하는지 모르고 할 때가 있다. 그것은 주어를 놓치고 일하는 것이 된다.

아무튼 법령은 주어가 나오고 이하에서 법령의 내용이 설명되는 구조를 지닌다. 간혹 주어가 나오지 않는 경우도 있으나, 그 경우는 해당 조항에서 굳이 언급하지 않아도 누가 주어인지를 알 수 있는 경우이거나 드물지만, 법령의 내용이 서술되는 중간에 주어가 들어 있는 경우가 있기도 하다.

주어는 대개 '기관'이나 '기관의 장' 등으로 법령을 운용하는 쪽의 관점이 위주가 되어 있는 것을 볼 수 있다. 즉, 법령의 행위의 주체는 운영하는 기관 또는 담당이 되기 때문이다. 물론, 행위자가 법령을 준수해야 하는 대상이 되는 경우도 많기 때문에 법령을 읽을 때 '누가'해야 하는지에 대해서 꼼꼼하게 읽어야 한다. 습관적으로 법령을 읽으면서 범하기 쉬운 오류가 누가 해야 하는지를 놓치고 가는 경우이다.

그렇지만 조금만 주의를 기울이면 'I am'을 찾는데 큰 어려움을 겪지는 않을 것으로 생각한다.

나는 법령을 'I am'의 방식으로 읽을 때는 생략하고 버리면서 읽는다. 일단 행위자가 무엇에 집중해야 하는지부터 살펴보는 방식으로 법을 읽는다. 그래서 수식적인 표현들과 단서조항들은 생략하고, 법령의 본문 부분에 집중해서 읽는다. 일단 무엇을 하라고 하는지부터 집중적으로 파악하기 위해서다. 법령에서 말하는 내용이 무엇을 하라는 것인지 이해하고 난 후에 전후좌우를 읽을 때 의미가 명료하게 된다.

예를 들면 공공기록물법 제4조제1항은 "<u>모든 공무원과 공공기관의 임직원은</u> 이 법에서 정하는 바에 따라 <u>기록물을 보호·관리할 의무를 갖는다</u>"라고 되어 있다. 수식을 생략하면 "<u>모든 공무원과 공공기관의 임직원은 기록물을 보호·관리할 의무를 갖는다</u>"라고 단순화된다. 일단 이 법이 정하는 바가 무엇인지는 뒤에 찾아보자. 먼저 생각할 것은 "모든 공무원과 공공기관의 임직원"에게 부여된 의무는 "기록물을 보호하고 관리하는" 것이라는 것이 중요하다. 앞으로 나오게 되는 법령의 내용은 결국 모든 공무원과 공공기관의 임직원이 기록물을 어떻게 보호하고 관리하도록 할 것인가에 초점이 맞추어져 있는 것으로 생각하면 된다. 따라서 법령의 한 조문조문을 읽을 때 이 부분을 생각하면서 읽는 것이다.

기록물 생산의 원칙을 읽을 때 "'공직자'인 나는 이 원칙이 지켜질 수 있도록 하기 위해서 무엇을 해야 할까? 법령에서 말하는 준수사항들이 지켜졌을 때 정말로 생산의 원칙이 달성되는 것일까? 법령에서는 표현하고 있지 않지만 생산의 원칙을 준수하기 위해서 나는, 그리고 우리가 놓치지 않고 해야 할 것은 무엇이 있을까?" 등과 같은 생각을 하면서 읽게 된다.

다시 말하자면 "I am"으로 읽기는 '어떻게'나 '왜'는 일단 생략하고 읽는 방식이라고 할 수 있다. 먼저 '누가', '무엇'을 해야 하는지에 대해 집중해서 읽는 방식이다. '어떻게'나 '왜'가 중요하지 않다는 것이 아니다. 누가, 무엇을 해야 하는가에 집중함으로써 해야 할 역할에 조금만 더 깊이 있게 이해하고 싶을 때 자주는 아니지만 이 방법을 활용해서 법령을 읽는다. 다소 시간이 걸리겠지만 익숙해지면 나름의 편리함과 장점이 있음을 느낄 수 있을 것이라 생각한다.

## ◘ 행위자 중심으로 법령 읽기 : 국가는

지금부터 공공기록물법령의 주어가 되는 행위의 주체들에 대해 하나씩 찾아가는 시간을 갖도록 하겠다. 혹 놓친 부분이 있을 수도 있고 나의 이해방식에 동의하지 않을 수도 있겠지만, 하나의 의견이라고 생각해주기 바란다. 아울러 하나의 생각이 아니라 다른 여러 가지 생각들이 함께 논의되면서 법령에 대한 이해를 좀 더 풍부하게 할 수 있다면, 많은 비판도 필요하다고 생각한다.

"I am"으로 법령 읽기에서 처음 선택한 주어는 '국가'이다. 이 방식으로 법령을 읽기에 앞서 다시 한 번 강조하지만, 이 방식은 첫째 행위의 주체가 누구인지 파악하고, 둘째 책임과 권한이 어디에 있는지 이해하는 데 방점을 두고 읽는다면 도움이 될 것으로 생각한다.

'국가는'이라는 주어가 제11조 제6항과 제46조의3 제6항에 두 번 나온다.

---

제11조 제6항
- 국가는 지방기록물관리기관의 설치·운영에 필요한 경비의 일부를 예산의 범위에서 보조할 수 있다.

---

---

**제46조의3 제6항**
- 국가는 예산의 범위에서 기록유산센터의 운영에 필요한 경비를 지원할 수 있다.

---

두 개의 조항에서 볼 수 있듯이 기록관리에 대해 부여한 국가의 역할은 한 가지다. '지방기록물관리기관의 설치·운영에 필요한 경비의 일부'와 '기록유산센터의 운영에 필요한 경비'를 지원할 수 있도록 한 것이다, 즉 지방자치제도가 시작된 이후 지속적으로 지방정부의 역할이 증가하고 이에 따른 기록의 관리필요성이 늘어남을 고려하여, 국가가 일정 부분 비용의 지불을 할 수 있는 근거를 마련한 것이라고 볼 수 있다. 또한 비교적 최근에 건립된 기록유산센터는 세계기록유산의 안전한 보존과 관리를 위한 연구와 교류 등의 다양한 활동을 통해서 국가와 지역의 경계를 넘어 징검다리 역할을 하는 것을 목표로 하고 있는 것으로 알고 있다. 국가는 대한민국의 범위 안의 기록유산 만이 아니라 범세계적으로 역할을 감당할 수 있도록 하는데 필요한 경비를 지원할 수 있도록 한 것이다.

이렇게 보면 하나는 국내의 지방기록물관리기관을 향해서, 하나는 국제적인 기록관리의 연대(연계, 협조)를 위해서 국가의 역할에 대해 기술하고 있는 부분이라고 이해할 수 있다. 그런데 두 가지 모두 '~할 수 있다'라고 함으로써 의무조항이 아니라 임의조항으로 되어 있다는 점을 유의해서 살펴보아야 한다.

모든 자원이 풍부하다면 예산과 인력 등을 충분히 투입할 수 있지만, 그렇지 못하다면 우선순위를 정하여 정부예산의 효율성을 최대한 높일 수 있는 방향으로 결정해야 한다. 물론 공공기록물법에서 말하고 있는 두 가지 '국가는 ~'에 해당하는 사안에 투입될 예산의 규모나

의미는 비교대상은 아니기 때문에 여기에서는 그 두 가지를 비교해서 우선순위가 무엇인가를 말하는 것은 의미가 없다.

다만, '공공기록물의 관리'라는 것을 목적으로 설정된 법령에서 '국가'의 책임과 의무를 부여하고 있는 조항이 있음을 유의해서 살펴볼 필요가 있다는 점을 짚고 넘어가자는 것이다. 국가는 어떠해야 하는가에 대한 생각은 각자 다를 수 있다. 그러나 국가가 존재하는 가장 큰 이유는 국가의 영토를 보전하고, 그 안에 살고 있는 국민이 평안하고 자기의 삶을 영위할 수 있도록 신뢰할 수 있는 안전한 환경을 제공하는 데 있다. 그 기반위에서 자신의 역량을 발휘할 수 있도록 만드는 데 있다고 본다. 모든 공공의 활동은 이 목적을 달성하기에 필요한 목표를 세우고 실천하는 데 초점이 맞추어져야 한다.

그런 관점에서 공공기록물법에 반영된 '국가는 ~'에 해당하는 두 개의 조항을 어떤 방식으로 실천할 수 있을지, 그것을 위해서 필요한 노력이 무엇인지, 이해관계자들과의 상충되는 입장을 어떻게 조율해갈지 등을 고민해야 한다. 그리고 그런 활동의 과정과 내용이 아카이빙될 수 있도록 함으로써 국가의 역할이 의무는 아니지만 어떻게 작동되어 왔는지를 남기는 작업도 필요하지 않을까 생각한다.

### ◼ 행위자 중심으로 법령 읽기 : 모든 공무원과 공공기관 임직원은

모든 생명체는 생명을 유지하기 위해 활동에 필요한 에너지를 몸 전체로 전달하는 수단을 갖고 있다. 공공기관의 경우에는 조직구성이 그러한 연결통로의 역할을 한다. 각 통로의 말단에는 말초신경과 같이 외부의 세계와 맞닿아서 감각을 느끼는 부분이 있게 마련이다. 만약 그런 외부에 반응하는 조직이 없다면 그것은 생명체라 할 수 없고,

죽은 것이라 할 것이다. 공무원과 공공기관 직원들은 직급과 역할에 따라 다르지만 대부분 외부와 접촉하는 지점에서 일을 하게 된다. 여기에서 외부로부터 오는 신호를 제대로 인지하여 전달하지 못하면 생명을 빼앗길 수도 있고, 그렇지 않다고 하더라도 치명적인 피해를 입을 수도 있다.

공공기록물법에서는 공공기관과 외부세계(국민)가 접촉하는 공간에 있는 "모든 공무원과 공공기관의 임직원"에 대해서도 언급하고 있다. 법 제4조 공무원 등의 의무 중 제1항에서는 다음과 같이 말하고 있다.

> **제4조 제1항**
> - 모든 공무원과 공공기관의 임직원은 이 법에서 정하는 바에 따라 기록물을 보호·관리할 의무를 갖는다.

"모든"이라는 말에 먼저 주목해 보자. '모든'은 '빠짐없이'를 의미한다. 즉, '예외 없음'이 강조되고 있다. 헌법 제7조 제1항에 보면 "공무원은 국민전체에 대한 봉사자이며, 국민에 대하여 책임을 진다"의 공공기록물법 버전이라고 볼 수 있다.

기록물을 보호하고 관리해야 할 의무는 헌법상으로 공무원에게 부여되어 있는 의무와 같은 무게가 아니라고 생각할 수도 있다. "기록물"은 공공기관에서 근무하는 업무 담당자들이 자기에게 부여된 책임과 역할의 범위 내에서 국민에 대한 봉사의 역할을 한다. 그 책임과 역할의 범위가 '기록물을 보호하고 관리하는' 것에 해당한다고 해석할 수 있다.

아울러 헌법 제7조 제2항에서는 "공무원의 신분과 정치적 중립성은 법률이 정하는 바에 의하여 보장된다"고 하고 있다. 공무원이 국민에 대한 봉사자로서 역할을 할 수 있는 것은 ① 신분의 보장과 ② 정치적 중립성의 보장이 있기 때문이다. '책임과 의무'만 강조되고 행동에 대한 '보호'가 뒤따르지 않는다면 정책을 개발하고 실행할 때 소신있게 추진하기 어려울 것이다. 또한 공직자가 실제로는 그렇지 못하다고 하더라도 '정치적 중립성'을 보장받을 수 있을 때, 업무의 결과인 기록을 있는 그대로 생산하여 등록하고 관리할 수 있다. 아키비스트 윤리에서도 정치적 중립성은 주요한 가치의 하나이다.[*]

결론적으로 모든 공무원과 공공기관의 임직원에게 부여된 기록물을 보호하고 관리하는 의무는 헌법상의 권리와 연결되는 것이라고 볼 수 있다.

## ◘ 행위자 중심으로 법령 읽기 : 국무총리와 행정안전부 장관

공공기록물법에서 특정 직위자를 언급한 곳이 많지 않다. 그 중에 정부운영의 책임자인 국무총리와 정부의 행정적인 살림을 지원하는 행정안전부 장관이 법령에서 언급되고 있다.

국무총리가 언급된 부분은 제15조의 국가기록관리위원회와 관련된 부분이다. 제15조의 각 항에서는 '제1항, 국무총리 소속으로 국가기록관리위원회를 둔다. 제2항, 위원은 국무총리가 임명하거나 위촉한다. 제3항, 위원장은 국무총리가 위원 중에서 임명하거나 위촉한다. 제5항, 국무총리에게 위원의 해임 또는 해촉 권한을 부여'하고 있음을 볼 수 있다.

---

[*] 정치적 중립성이 가능한지, 정치적으로 중립적이어야 하는지는 별도로 논의가 필요한 주제이므로 다른 글을 통해서 다루고자 한다.

국가기록관리위원회는 제1항 각호의 규정에 따른 국가기록관리와 관련된 사항에 대한 심의를 하는 것을 목적으로 설치되었다. 그런데 국무총리의 역할은 앞에서 살펴본 것처럼 위원회의 지위와 구성에 대한 부분에 있음을 알 수 있다. 위원회의 실제적인 운영은 제7항에서 중앙기록물관리기관이 간사의 역할을 하도록 하고 있다.

위원회의 기능이 심의기구라는 점, 국무총리 소속으로 두고는 있으나 실제 관리는 중앙기록물관리기관이 간사기능을 함으로써 국무총리실에는 별도로 심의사항 보고 등의 행정행위가 이루어지지 않는다는 점을 통해서 실질적인 위원회의 위상을 이해할 수 있다.

이전 법령에서 행정안전부 장관에게 속해있던 권한을 국무총리로 상향했음에도 실질적인 기능상의 변화나 활동 내용의 변화가 없다는 것은 소속이 중요한 것이 아님을 반증하는 것이라 할 수 있다. 위원회의 역할과 기능, 그리고 운영상의 결과에 대한 피드백을 어떤 방식으로 하는지는 정책적인 결정과 그것을 실천하려는 노력으로 풀어야 할 부분이다.

다음으로 행정안전부 장관은 제9조에 나오고 있다. 제9조는 중앙기록물관리기관에 대해 다루고 있는 조항으로 제1항에서 기록물관리를 총괄하는 기관을 행정안전부 장관의 소속으로 두도록 하고, 제2항에는 그 영구기록물관리기관을 중앙기록물관리기관으로 한다는 내용이다.

---

제1항

– 기록물관리를 총괄·조정하고 기록물을 영구보존·관리하기 위하여 행정안전부장관은 그 소속으로 영구기록물관리기관을 설치·운영하여야 한다.

제2항
- 제1항에 따라 행정안전부장관 소속으로 설치·운영되는 영구기록물관리기관(이하
 "중앙기록물관리기관"이라 한다)은 다음 각 호의 업무를 수행한다.

제1항과 2항을 재구성해보면 다음과 같다.

행정안전부 소속으로 영구기록물관리기관을 설치·운영한다.
이 영구기록물관리기관은 중앙기록물관리기관이라고 한다.
중앙기록물관리기관의 역할은 기록물관리를 총괄·조정하고 기록물을 영구
보존·관리하는 것이다.

즉, 기록물관리를 총괄·조정하는 중앙기록물관리기관을 행정안전
부 소속으로 두어 기록물을 영구보존하고 관리하도록 한다는 것이다.
이렇게만 보면 중앙기록물관리기관의 관할 범위가 행정부에 국한되는
것으로 읽힐 수 있는 한계가 있다. 따라서 중앙기록물관리기관의 설
치 위치와는 별개로 독립성, 전문성을 확보하기 위해서 필요한 사항
이 무엇인지 고려되어야 한다.
 국가기록관리는 행정부로만 한정되지 않는다. 따라서 국가기록관리
위원회의 구성에 헌법기관기록물관리기관, 지방기록물관리기관이 참
여할 수 있도록 한 것이다. 단지 구성원을 헌법기관 및 지자체 등의
영구기록물관리기관을 포함하는 것만으로는 독립성이 보장되지 않는
다. 정치나 특정한 이해관계로부터 자유로울 수 있어야 한다. 중앙기
록물관리기관에 독립성을 부여한다는 명시적인 선언과 중앙기록물관
리기관의 장의 임명은 행정·입법·사법부를 아울러 전문가가 진입할

수 있도록 되어야 한다. 그렇게 함으로써 국가기록관리 차원에서 독립적이고 전문적인 기록관리가 이루어질 수 있도록 보장되어야 한다.

## ◨ 행위자 중심으로 법령 읽기 : 공공기관

공공기관이 주어가 되는 경우는 법령에서 다양하게 나타나고 있고 세 가지 유형으로 구분할 수 있다.

유형 1은 공공기관이 주어가 되는 경우이다.

유형 2는 공공기관의 장이 주어가 되는 경우이다.

유형 3은 공공기관에 조건이 붙어 제한적으로 주어가 되는 경우이다.

각 유형별로 해당되는 조항의 내용은 다음과 같다.

※ 조문 설명 시 단서부분은 생략함

제1유형은 '공공기관'이 주어가 되는 경우로, "공공기관은~", "공공기관이~"와 같이 시작되는 경우이다.

---

**제16조(기록물 생산의 원칙)**

- 제1항 : 공공기관은 효율적이고 책임 있는 업무수행을 위하여 업무의 입안단계부터 종결단계까지 업무수행의 모든 과정 및 결과가 기록물로 저장·관리될 수 있도록 업무과정에 기반한 기록물관리를 위하여 필요한 조치를 마련하여야 한다.

**제17조(주요 기록물의 생산의무)**

- 제1항 : 공공기관은 주요 정책 또는 사업 등을 추진하는 과정에서 조사·연구 또는 검토한 내용 및 결과 등을 대통령령으로 정하는 바에 따라 기록물로 생산하여야 한다.

- 제2항 : 공공기관은 대통령령으로 정하는 바에 따라 주요 회의의 회의록, 속기록 또는 녹음기록을 작성하여야 한다.
- 제3항 : 공공기관은 주요 업무수행과 관련된 시청각 기록물 등을 대통령령으로 정하는 바에 따라 생산하여야 한다.

제18조(기록물의 등록·분류·편철 등)
- 공공기관은 업무수행 과정에서 기록물을 생산하거나 접수하였을 때에는 대통령령으로 정하는 바에 따라 그 기록물의 등록·분류·편철 등에 필요한 조치를 하여야 한다.

제19조(기록물의 관리 등)
- 제1항 : 공공기관은 대통령령으로 정하는 바에 따라 기록물의 보존기간, 공개 여부, 비밀 여부 및 접근권한 등을 분류하여 관리하여야 한다.
- 제2항 : 공공기관은 대통령령으로 정하는 기간 이내에 기록물을 관할 기록관 또는 특수기록관으로 이관하여야 한다.
- 제6항 : 공공기관은 기록물의 원활한 수집 및 이관을 위하여 대통령령으로 정하는 바에 따라 매년 기록물의 생산현황을 관할 기록물관리기관에 통보하여야 한다.

제22조(간행물의 관리)
- 제1항 : 공공기관은 간행물을 발간하려면 대통령령으로 정하는 바에 따라 관할 영구기록물관리기관으로부터 발간등록번호를 부여받아야 한다.
- 제2항 : 공공기관은 발간하는 간행물에 제1항에 따른 발간등록번호를 표기하여야 하며, 간행물을 영구기록물관리기관 및 중앙기록물관리기관에 송부하여 보존·활용되도록 하여야 한다.

제23조(시청각 기록물의 관리)
- 공공기관은 업무수행과 관련하여 생산한 사진, 필름, 테이프, 비디오, 음반, 디스크 등 영상 또는 음성 형태의 기록물을 대통령령으로 정하는 바에 따라 관리하고

관할 영구기록물관리기관으로 이관하여야 한다.

제24조(행정박물의 관리)
- 공공기관은 업무수행과 관련하여 생산·활용한 형상기록물로서 행정적·역사적·문화적·예술적 가치가 높은 기록물을 대통령령으로 정하는 바에 따라 관리하고 관할 영구기록물관리기관으로 이관하여야 한다.

제27조(기록물의 폐기)
- 제1항 : 공공기관이 기록물을 폐기하려는 경우에는 대통령령으로 정하는 바에 따라 제41조제1항*에 따른 기록물관리 전문요원의 심사와 제27조의2**에 따른 기록물평가심의회의 심의를 거쳐야 한다.

제33조(비밀 기록물 관리의 원칙)
- 제1항 : 공공기관은 비밀 기록물을 생산할 때에는 그 기록물의 원본에 비밀 보호기간 및 보존기간을 함께 정하여 보존기간이 끝날 때까지 관리되도록 하여야 한다.

제35조(기록물의 공개 여부 분류)
- 제1항 : 공공기관은 관할 기록물관리기관으로 기록물을 이관하려는 경우에는 그 기록물의 공개 여부를 재분류하여 이관하여야 한다.

제46조의4(기록의 날 지정)
- 제2항 : 공공기관은 기록의 날이 포함된 주간에 기록문화 확산을 위한 각종 행사를 실시할 수 있다.

---

* 체계적·전문적인 기록물관리를 위하여 기록물관리기관에는 기록물관리 전문요원을 배치하여야 한다.
** 제27조의2(기록물평가심의회) 제1항 : 공공기관의 장 및 영구기록물관리기관의 장은 보존 중인 기록물의 평가 및 폐기를 위하여 민간전문가를 포함한 기록물평가심

유형 1에 해당하는 경우는 주로 의무조항으로 읽어야 한다. "~마련
하여야 한다"(제16조 제1항), "~생산하여야 한다"(제17조 제1항, 제3항),
"~작성하여야 한다"(제17조 제2항), "~조치를 하여야 한다"(제18조),
"~관리하여야 한다"(제19조 제1항), "~이관하여야 한다"(제19조 제2항,
제23조, 제24조, 제35조), "~통보하여야 한다"(제19조 제6항), "~부여받
아야 한다"(제22조 제1항), "~보존·활용되도록 하여야 한다"(제22조
제2항), "~거쳐야 한다"(제27조 제1항), "관리되도록 하여야 한다"(제33조
제1항) 등이 의무조항으로 읽히는 부분이다.

공공기관이 주어가 되는 경우 중에는 기록의 날 지정과 관련하여
임의조항의 형식인 "~를 실시할 수 있다"(제46조의4 제2항)라고 하고
있다.

대부분의 관련 조항들이 공공기관에서 이루어지는 기록물의 생산
및 관리를 중심으로 하는 활동에 초점이 맞추어져 있음을 알 수 있다.
공공기관 자체가 주어인 경우 한 가지 유의할 점은 제27조 기록물의
폐기와 관련하여 기록물평가심의회의 구성 및 운영의 주체가 당해 기
관에 설치한 기록관이 아니라 '공공기관의 장'에게 있다는 부분이다.

유형 2인 공공기관의 장이 주어가 되는 경우는 "공공기관의 장은~"
으로 시작되는 형태이다. 이 유형은 공공기관의 장이 기록물관리기관
의 장과 함께 공동으로 사용되는 경우와 단독으로 사용되는 경우로
세분해서 볼 수 있다.

---

의회를 구성·운영하여야 한다.

〈공동으로 사용되는 경우〉

**제4조(공무원 등의 의무)**

- 제2항 : 공공기관 및 기록물관리기관의 장은 기록물이 국민에게 공개되어 활용될 수 있도록 적극적으로 노력하여야 한다.

**제5조(기록물관리의 원칙)**

- 공공기관 및 기록물관리기관의 장은 기록물의 생산부터 활용까지의 모든 과정에 걸쳐 진본성(眞本性,), 무결성(無缺性), 신뢰성 및 이용가능성이 보장될 수 있도록 관리하여야 한다.

**제6조(기록물의 전자적 생산·관리)**

- 공공기관 및 기록물관리기관의 장은 기록물이 전자적으로 생산·관리되도록 필요한 조치를 마련하여야 하며, 전자적 형태로 생산되지 아니한 기록물도 전자적으로 관리되도록 노력하여야 한다.

〈단독으로 사용되는 경우〉

**제20조의2(전자기록물 기술정보의 관리)**

- 제1항 : 공공기관의 장은 제20조제1항제6호*에 따른 전자기록물의 기술정보를 대통령령으로 정하는 바에 따라 관리하고 중앙기록물관리기관에 제출하여야 한다.

**제34조(비밀 기록물 생산현황 등 통보)**

- 공공기관의 장은 해당 기관이 생산한 비밀 기록물 원본에 대하여 대통령령으로 정하는 바에 따라 매년 그 생산·해제 및 재분류 현황을 관할 영구기록물관리기관의 장에게 통보하여야 한다.

---

* 6. 전자기록물의 생산포맷(기록물 생산을 위한 파일형식을 말한다) 및 소프트웨어 등에 관한 기술정보의 수집·활용에 관한 사항

유형 2의 경우에는 해당 직위에 있는 사람에게 당해 기관 기록물에 대한 총체적 관리 의무를 부여하고 이를 위한 활동을 하도록 요구하는 내용이 핵심이라고 할 수 있다.

유형 3은 공공기관 또는 공공기관의 장이 주어인데, 일정한 조건이 붙어 있어서 한정적인 범위에서 사용되는 경우이다.

---

**제13조(기록관)**
- 제1항 : 공공기관의 기록물을 효율적으로 관리하기 위하여 <u>대통령령으로 정하는 공공기관은</u> 기록관을 설치·운영하여야 한다.

**제14조(특수기록관)**
- 제1항 : <u>통일·외교·안보·수사·정보 분야의 기록물을 생산하는 공공기관의 장은</u> 소관 기록물을 장기간 관리하려는 경우에는 중앙기록물관리기관의 장과 협의하여 특수기록관을 설치·운영할 수 있다.

**제25조(폐지기관의 기록물관리)**
- 제1항 : 공공기관이 폐지된 경우 그 사무를 승계하는 기관이 없을 때에는 <u>폐지되는 공공기관의 장은</u> 지체 없이 그 기관의 기록물을 관할 영구기록물관리기관으로 이관하여야 한다.
- 제2항 : 공공기관이 폐지된 경우에 그 사무를 승계하는 기관이 있을 때에는 <u>폐지되는 기관의 장과 그 사무를 승계하는 기관의 장은</u> 대통령령으로 정하는 바에 따라 기록물 인수인계가 원활하게 이루어질 수 있도록 조치하여야 한다.

---

유형 3의 범위를 제한하는 내용을 다시 뽑아 보면 "대통령령으로 정하는"(제13조 제1항), "통일 · 외교 · 안보 · 수사 · 정보 분야의 기록물을

생산하는"(제14조 제1항), "폐지되는"(제25조 제1항), "폐지되는 기관의
장과 그 사무를 승계하는"(제25조 제2항)과 같이 공공기관 또는 공공
기관의 장에게 일정한 범위 안에서 제한적으로 활동의 범위가 제한되
고 있음을 알 수 있다.

유형 3과 같이 범위가 제한되는 경우에는 공공기록물법에서 말하는
여타의 다른 조항은 동일하게 적용되지만, 그 적용의 대상과 범위가
한정된다는 것을 말한다. 따라서 법령을 읽을 때 그 대상이 무엇인지,
대상별 적용의 범위는 어디까지인지를 확인하고 기억하면서 읽는 것
이 필요하다.

## ■ 행위자 중심으로 법령 읽기 : 공공기관의 장 및 영구기록물관리 기관의 장

자연인이 아닌 기관의 장은 기관을 대표해서 의사결정과 결과에 대
한 책임을 진다. 기관장이 결정을 할 때 많은 정보를 참조하지만 최종
결정은 기관장의 책임하에 이루어진다. 무엇을 근거로 결정을 할까?
지금도 각종 보고서(기록)에 근거하여 판단하고 의사결정을 하고 있
을 것이다.

공공기록물법에서 공공기관의 장 및 영구기록물관리기관의 장이 함
께 언급되는 부분은 기록물의 회수와 기록물평가심의회 등 기록물의
처분과 관련된 부분이다. 관련 법 조항은 다음과 같다.

---

**제26조(기록물의 회수)**

- **제1항** : 공공기관의 장 및 영구기록물관리기관의 장은 기록물이 유출되어 민간인
  이 이를 소유하거나 관리하는 경우에는 그 기록물을 회수하거나 위탁보존 또는

복제본 수집 등 필요한 조치를 하여야 한다.
- **제2항** : 공공기관(국가기관과 지방자치단체만 해당한다)의 장 및 영구기록물관리
기관의 장은 제1항에 따른 기록물의 회수를 위하여 필요하다고 인정하면 관계 공
무원으로 하여금 민간인이 소유하거나 관리하는 기록물의 목록 및 내용의 확인,
그 밖에 필요한 조사를 하게 할 수 있다.

### 제27조의2(기록물평가심의회)
- **제1항** : 공공기관의 장 및 영구기록물관리기관의 장은 보존 중인 기록물의 평가
및 폐기를 위하여 민간전문가를 포함한 기록물평가심의회를 구성·운영하여야 한
다.

적법한 유출은 있을 수 없다고 생각하나, 공공기록물 관리제도가
만들어지기 이전에는 기록물을 사적 소유물인 것처럼 외부로 가져가
는 경우가 있었다. 최종 결재된 기록을 포함하여 업무진행과정 상에
서 비공개 정보를 포함하고 있던 기록들도 있으며, 업무의 진행과정
을 파악하는 데 중요한 단초를 제공하는 기록들도 확인되곤 한다. 제
26조 기록물의 회수는 그 경위가 어찌되었건 공공기관이 생산한 기록
물이 공공기관 밖으로 유출된 것이 확인되었을 때 필요한 조치를 취
하도록 한 조항이다. 여기서 제1항과 제2항에 약간의 차이가 있는데,
제1항은 "공공기관의 장 및 영구기록물관리기관의 장" 모두를 포함하
여 유출 기록물의 회수 등에 필요한 조치를 하라고 하는 내용이다. 이
에 반해 제2항에서는 "공공기관"의 범위를 "국가기관과 지방자치단체"
로 한정하여 제1항에 따른 유출 기록물의 회수를 위해서 필요한 경우
조사권을 발동할 수 있도록 하였다.

질문해 볼 수 있는 것은 첫째, 교육청의 경우도 지방자치단체로 보

고 해당 기관의 기록물이 유출된 것을 확인했을 때 조사 등 필요한 조
치를 취할 수 있는가 하는 점이다. 교육자치를 기록자치의 부분으로
볼 때에는 가능하지만, 교육자치는 별개의 것으로 보면 실질적인 조
사조치는 어렵다고 할 수 있을 것 같다. 둘째, 정부산하 공공기관과
같은 경우에는 유출기록물이 발생했다고 하더라도 이에 대한 조사권
의 발령을 할 수 없다고 이해되는데, 그렇다면 어떻게 해야 하는가 하
는 점이다. 정부산하 공공기관은 공공기록물법이 아닌 형법이나 민법
등의 절차를 따라서만 조치가 가능하다고 보아야 하는 문제가 생긴
다. 아니면 정부산하 공공기관은 자체적으로 기록관리를 완결하는 구
조를 갖고 있기 때문에 실질적으로 영구기록물관리기관을 설치하지
않았다고 하더라도 기록관리가 이루어지고 있다면 '영구기록물관리기
관'이 설치된 것으로 간주하고, 이런 문제가 발생했을 때 조사권을 발
동할 수 있는 것으로 해석해야 하는가 하는 문제가 남는다.

공공기록물은 유출되어서는 안 된다. 하지만 이미 유출이 발생했다
면 그 원인과 경과 등 가능한 범위 안에서 추적하여 재발하지 않도록
하는 것이 필요하다.

법령의 적용에 있어서 쟁점이 많으면 집행에 어려움을 겪을 수밖에
없다. 따라서 쟁점이 될 만한 부분은 덜어내거나 이에 대한 해석을 명
확하게 내려줌으로써 간소화하는 것이 필요하다. 물론 동일한 사안에
대해서도 경험하는 기관의 상황이 다를 수 있다. 그럴 때 단순히 편리
하기 때문이 아니라면 다수의 기관이 선택하는 방향이 합리성을 갖는
다고 판단할 수 있다.

## ◼ 행위자 중심으로 법령 읽기 : 영구기록물관리기관

영구기록물관리기관은 공공기관 기록물의 최종적인 관리 및 처분이 이루어지는 곳이다. 따라서 기록관리에 관한 최상위에 위치하고 있는 기관이라 할 수 있다. 공공기록물법에는 '영구기록물관리기관'이 해야 할 부분과 '영구기록물관리기관의 장'이 해야 할 역할을 몇 가지 언급하고 있다. 관련 법 조항은 다음과 같다.

---

〈영구기록물관리기관이 해야 할 역할〉
제9조(중앙기록물관리기관)
- 제2항 : 제1항에 따라 행정안전부장관 소속으로 설치·운영되는 영구기록물관리기관(이하 "중앙기록물관리기관"이라 한다)은 다음 각 호의 업무를 수행한다.

제27조(기록물의 폐기)
- 제2항 : 영구기록물관리기관이 보존 중인 기록물의 보존가치를 재분류하여 폐기하려는 경우에는 대통령령으로 정하는 기준과 절차를 준수하여야 한다.

제38조(기록물공개심의회)
- 제1항 : 영구기록물관리기관은 다음 각 호의 사항을 심의하기 위하여 기록물공개심의회를 설치·운영하여야 한다.

〈영구기록물관리기관의 장이 해야 할 역할〉
제17조(주요 기록물의 생산의무)
- 제4항 : 영구기록물관리기관의 장은 주요 기록물 보존을 위하여 관련 기록물을 직접 생산할 필요가 있다고 인정하는 경우에는 관련 공공기관의 장과 협의하여 그 공공기관 또는 행사 등에 소속 공무원을 파견하여 기록물을 생산하게 할 수 있다.

---

제25조(폐지기관의 기록물관리)
- 제3항 : 영구기록물관리기관의 장은 폐지되는 기관의 소관 기록물의 체계적인 이관 및 관리 등을 위하여 <u>필요한 경우에는 소속 공무원을 파견할 수 있다.</u>

제30조(기록물 보안 및 재난 대책)
- 제2항 : 영구기록물관리기관의 장은 전자기록물의 안전한 관리를 위하여 <u>재난대비 복구체계를 구축·운영하여야 한다.</u>

제35조(기록물의 공개 여부 분류)
- 제4항 : 영구기록물관리기관의 장은 기록물 생산기관으로부터 기록물 비공개 기간의 연장 요청을 받으면 제3항 본문에도 불구하고 제38조에 따른 <u>기록물공개심의회 및 위원회의 심의를 각각 거쳐 해당 기록물을 공개하지 아니할 수 있다.</u>

제37조(비공개 기록물의 열람)
- 제1항 : 영구기록물관리기관의 장은 해당 기관이 관리하고 있는 <u>비공개 기록물</u>에 대하여 다음 각 호의 어느 하나에 해당하는 열람 청구를 받으면 대통령령으로 정하는 바에 따라 이를 <u>제한적으로 열람하게 할 수 있다.</u>

제38조의2(영구기록물관리기관 보존기록물의 활용)
- 영구기록물관리기관의 장은 그 기관이 보존하고 있는 기록물의 공개 및 열람 편의를 제공하기 위하여 <u>기록물을 정리(整理)·기술(記述)·편찬하고, 콘텐츠를 구축하는 등의 사업을 추진하여야 한다.</u>

영구기록물관리기관이 해야 할 역할은 주로 담당해야 하는 기능과 관련된 내용이라고 할 수 있다. 반면에 영구기록물관리기관의 장이 해야 할 역할은 기록물관리를 위해서 실질적으로 해야 할 일이 무엇인지를 확인하고, 그것이 실행될 수 있도록 하는데 있다고 볼 수 있다.

영구기록물관리기관의 장의 판단이 미칠 수 있는 파급력을 고려해서 신중한 결정과 과감한 실행이 동반되어야 한다고 생각한다. 영구기록물 관리기관의 장이 결정해야 하는 주요한 사항은 첫째 주요 기록물의 직접 생산을 결정하고, 둘째 전자기록물 재난대비 및 복구체계를 구축하여 운영하는 것, 셋째 비공개연장 요청에 대한 결정 및 비공개기록물의 제한적 열람 허용, 넷째 보존기록물의 활용을 위한 아카이브의 기능을 이행하는 사업의 추진 등이다. 위의 사항들은 영구기록물 관리기관이 아카이브로서 기록물의 보존과 활용이라는 기본적으로 지켜가야 할 중요한 기능들이라 할 수 있다.

## ◼ 행위자 중심으로 법령 읽기 : 헌법기관 등 영구기록물관리기관

통칭해서 영구기록물관리기관인 아카이브의 범위 안에는 몇 가지 유형의 기관이 위치하는데 헌법기관기록물관리기관, 지방기록물관리기관 등이 여기에 해당한다.

먼저 헌법기관에 설치되는 헌법기관기록물관리기관과 관련해서는 법 제10조에서 다루고 있다.

---

제10조(헌법기관기록물관리기관)
- 제1항 : 국회, 대법원, 헌법재판소 및 중앙선거관리위원회는 소관 기록물의 영구 보존 및 관리를 위하여 영구기록물관리기관을 설치·운영할 수 있다.
- 제2항 : 제1항에 따라 국회, 대법원, 헌법재판소 및 중앙선거관리위원회에 설치·운영하는 영구기록물관리기관은(이하 "헌법기관기록물관리기관"이라 한다)은 다음 각 호의 업무를 수행한다.
- 제3항 : 헌법기관기록물관리기관의 장은 중앙기록물관리기관의 장이 기록물관리

---

> 에 대한 표준의 이행과 관련 통계현황 등 기록물의 효율적 관리를 위하여 필요한
> 사항에 관하여 협조를 요청하면 협조하여야 한다.

　헌법기관기록물관리기관은 말 그대로 국회, 대법원, 헌법재판소 및 중앙선거관리위원회 등 헌법기관에 설치하는 영구기록물관리기관을 말한다. 기본적으로 독립적으로 영구기록물관리기관의 역할을 하면서 중앙기록물관리기관과의 상호협력을 바탕으로 운영할 수 있도록 하고 있음을 볼 수 있다.

　지방자치단체에 설치되는 영구기록물관리기관인 지방기록물관리기관과 관련해서는 법 제11조에서 다루고 있다.

---

**제11조(지방기록물관리기관)**
- 제1항 : 특별시장, 광역시장, 특별자치도시장, 도지사 또는 특별자치도 지사는 소관 기록물의 영구보존 및 관리를 위하여 특별시·광역시·특별자치시·도 또는 특별자치도(이하 "시·도"라 한다)의 조례로 정하는 바에 따라 영구기록물관리기관(이하 "시·도기록물관리기관"이라 한다)을 설치·운영하여야 한다.
- 제2항 : 특별시·광역시·특별자치시·도·특별자치도 교육감(이하 "시·도교육감"이라 한다)은 소관 기록물의 영구보존 및 관리를 위하여 시·도의 조례로 정하는 바에 따라 영구기록물관리기관(이하 "시·도교육청기록물관리기관"이라 한다)을 설치·운영할 수 있다.
- 제3항 : 시장·군수·구청장(자치구의 구청장을 말한다. 이하 같다)은 소관 기록물의 영구보존 및 관리를 위하여 시·군·자치구의 조례로 정하는 바에 따라 영구기록물관리기관(이하 "시·군·군기록물관리기관"이라 한다)을 설치·운영할 수 있다.
- 제4항 : 지방자치단체의 장은 기록물관리를 효율적으로 하기 위하여 필요한 경우에는 대통령령으로 정하는 바에 따라 영구기록물관리기관을 공동으로 설치·운영할

수 있다.
- **제5항** : 시·도기록물관리기관은(제2항 후단 및 제3항 후단에 따라 시·도교육감 도는 시장·군수·구청장이 소관 기록물을 시·도기록물관리기관으로 이관하여야 하는 경우를 포함한다), 시·도교육청기록물관리기관, 시·군·구기록물관리기관 및 제4항에 따라 공동으로 설치·운영되는 영구기록물관리기관(이하 "지방기록물관리기관"이라 한다)은 다음 각 호의 업무를 수행한다.
- **제7항** : 지방기록물관리기관의 장은 중앙기록물관리기관의 장이 기록물관리에 대한 표준의 이행, 국가위임사무에 관한 기록물의 원본 또는 사본의 이관, 그 밖에 기록물관리 관련 통계현황 등 기록물의 효율적 관리를 위하여 필요한 사항에 관하여 협조를 요청하면 협조하여야 한다.

지방자치단체에서 운영하는 지방기록물관리기관은 설치 유형에 따라 다양한 범위를 포함한다. 따라서 그 명칭도 "시·도기록물관리기관", "시·도교육청기록물관리기관", "시·군·군기록물관리기관" 등으로 다양하다. 이들 기관은 기본적으로 지방자치단체 및 교육자치단체에 설치되는 것으로 통칭하여 "지방기록물관리기관"이라 부른다. 지방기록물관리기관도 헌법기관기록물관리기관과 마찬가지로 중앙기록물관리기관과의 상호협력을 바탕으로 운영할 수 있도록 하는 것을 강조하고 있음을 볼 수 있다.

헌법기관기록물관리기관 및 지방기록물관리기관 등 영구기록물관리기관이 함께 포함된 부분은 제46조의2와 같다.

**제46조의2(헌법기관기록물관리기관 등의 민간기록물 수집)**
- 헌법기관기록물관리기관 및 지방기록물관리기관의 장은 소관업무, 관할 공공기관 또는 관할 지역과 관련하여 보존가치가 높은 민간기록물을 수집할 수 있다.

관할의 범위(업무 또는 지역)에 속하는 영역에서 해당 기관과 관련된 민간기록물을 수집할 수 있도록 한 것으로 이해하면 된다. 특히 지방기록물관리기관의 경우에는 기관의 범위에 한정하지 않고 지역의 역사와 문화를 포괄적으로 포함하여 민간기록물을 수집할 수 있다고 보아야 한다. 이를 통해서 지역의 정체성을 확인하고, 지역주민과 공공기관—특히 아카이브—이 함께 호흡하는 공동체성을 확인하고 유지시키는데 기여할 수 있는 조항이라고 생각한다.

## ◼ 행위자 중심으로 법령 읽기 : 중앙기록물관리기관

공공기록물법에서 가장 자주 등장하는 기록물관리기관의 유형은 중앙기록물관리기관이다. 그만큼 우리나라 공공기록관리는 중앙기록물관리기관이 중요하다는 것을 말한다고 생각할 수 있다. 또한 중앙기록물관리기관을 정점으로 각급 기관에 설치되는 기록물관리기관이 유기적으로 결합하여 운영되어야 함을 의미한다고도 생각할 수 있다.

중앙기록물관리기관의 장이 나오는 법령의 조항은 제7조(기록물관리의 표준화 원칙), 제9조(중앙기록물관리기관) 제3항 제4항, 제19조(기록물의 관리 등) 제7항, 제20조(전자기록물의 관리) 제1항, 제20조의2(전자기록물 기술정보의 관리) 제2항, 제21조(중요 기록물의 이중보존) 제3항, 제27조의3(기록물의 폐기 금지) 제1항 제3항, 제28조(기록물관리기관의 시설·장비) 제1항, 제29조(기록매체 및 용품 등) 제2항, 제30조의2(보존·복원 기술의 연구·개발), 제36조(영구기록물관리기관 보존기록물의 비공개 상한기간 지정), 제39조(기록물관리의 표준화), 제40조(기록물관리 표준의 제정절차 등) 제1항 제2항, 제41조(기록물관리 전문요원) 제3항, 제42조(기록물관리 교육·훈련), 제43조(국

가지정기록물의 지정 및 해제) 제1항 제3항 제5항 제6항, 제45조(국가
지정기록물의 보존·관리) 제1항 제2항 제3항, 제46조(주요 기록정보
자료 등의 수집) 제1항 제2항 제3항 제4항 등이다.

  기본적으로 중앙기록물관리기관이 수행해야 하는 기능은 제9조에
나와 있지만, 나머지 조항들을 통해서 구체적으로 중앙기록물관리기
관이 수행해야 하는 기능과 역할이 드러나고 있다. 중앙기록물관리기
관은 국가기록관리를 선도해야 하는 위치에 있는 기관으로 기록관리
의 표준화, 기록물 폐기 금지제도 운영, 비공개 상한기간 지정, 국가지
정기록물의 지정 등 업무를 수행해야 한다.

  이 중 폐기 금지제도는 가장 최근 법령에 반영된 조항으로 국가적
관심사안 등 중요사안이 생겼을 때 사후적인 처리가 이루어지는 기록
관리의 시점(視點)을 폐기 이전으로 옮겼다는 점에서 의미가 있다고
하겠다. 물론 폐기 금지 명령이 발령된다고 하는 것은 심상한 경우는
아니기 때문에 이런 일이 생겨서는 안 될 것이라고 생각하지만, 국가
적으로 주요한 관심사를 갖는 사안으로 국민의 권익보호 등을 위하여
긴급한 필요가 있을 때 관련 기록물에 대한 보호조치를 중앙기록물관
리기관의 장이 취할 수 있게 됨으로써 보다 효과적인 기록관리를 할
수 있는 수단을 확보하게 되었다고 할 수 있다.

  또 하나 중앙기록물관리기관이 수행해야 하는 주요한 기능의 하나
가 비공개 상한기간 지정의 업무인데, 법령에 반영된 이후 여러 차례
검토가 있었으나 구체적인 결실을 보지 못하고 있는 업무의 하나이
다. 과거에는 한 번 비공개나 비밀로 설정되면 그 기록물이 폐기될 때
까지, 심지어는 폐기된 이후에도 관련 정보를 확인할 수 없을 때가 있
었다. 그렇지만 공공기록물법과 정보공개법은 기본적으로 국민의 알
권리를 우선적인 권리로 인정하고, 비공개기록물을 최소화하기 위해

여러 가지 장치를 마련하고 있다. 이 중 영구기록물관리기관이 보유하고 있는 비공개 기록물에 대한 조치의 하나가 비공개 상한기간을 지정하는 제도이다. 비공개로 생산되었다고 하더라도 기본적으로 모든 기록물은 보존기간 30년이 경과하면 공개로 전환되어야 한다. 그러나 기관에서 비공개 연장요청 등의 사유로 비공개가 연장되는 경우가 많이 있다. 이때 상한제도를 둠으로써 기록물 성격에 따라 최대한의 기간을 설정하여 국민의 알권리가 침해되지 않도록 한 것으로 이해할 수 있다. 개인적으로는 비공개 기록물의 30년 경과 후 공개원칙의 시간을 좀 더 빠른 시기로 당겨서 비공개기간을 최소한으로 하고, 비공개 상한제도를 본격적으로 작동할 수 있도록 하는 연구가 있기를 바란다.

## ◙ 행위자 중심으로 법령 읽기 : (특수)기록관

공공기록물 관리를 위한 최소한의 조직 단위는 '(특수)기록관'이다. 형태상 기록관과 특수기록관이 구분되지만, 일부 기록물에 대한 관리의 대상과 방법의 차이를 제외하면 근본적으로 공공기관에 설치하여 해당 기관의 기록관리를 총괄적으로 책임진다는 점에서 동일하다고 볼 수 있다.

기록관과 특수기록관이 주어가 되는 것은 해당 기관의 기능을 제시하는 제13조(기록관) 제2항과 제14조(특수기록관) 2항 및 3항이 있고, 제19조(기록물의 관리 등)에서 보편적인 기록관리를 다루면서 예외적인 사항을 제4항(특수기록관)과 제5항(특수기록관 중 국자정보원)을 대상으로 하는 부분이 특별히 언급되어 있음을 확인할 수 있다.

각각의 법령의 내용은 다음과 같다. 제13조(기록관) 제2항과 제14조

(특수기록관) 제3항의 기능을 중심으로 살펴보자.

| 기록관 | 특수기록관 |
|---|---|
| 1. 관할 공공기관의 기록물관리에 관한 기본계획의 수립·시행<br>2. 해당 공공기관의 기록물 관리<br>3. 기록관이 설치되지 아니한 관할 공공기관의 기록물관리<br>4. 해당 공공기관의 기록물에 대한 정보공개 청구의 접수<br>5. 관할 공공기관의 기록물관리에 대한 지도·감독 및 지원<br>6. 관할 공공기관의 기록물관리에 관한 교육·훈련<br>7. 다른 기록물관리기관과의 연계·협조<br>8. 그 밖에 기록물관리에 관한 사항 | 1. 관할 공공기관의 기록물관리에 관한 기본계획의 수립·시행<br>2. 해당 공공기관의 기록물 관리<br>3. 특수기록관이 설치되지 아니한 관할 공공기관의 기록물관리<br>4. 해당 공공기관의 기록물에 대한 정보공개 청구의 접수<br>5. 관할 공공기관의 기록물관리에 대한 지도·감독 및 지원<br>6. 관할 공공기관의 기록물관리에 관한 교육·훈련<br>7. 다른 기록물관리기관과의 연계·협조<br>8. 그 밖에 기록물관리에 관한 사항 |

제13조와 제14조 기록관과 특수기록관의 기능을 살펴보면 제3호 "기록관리 설치되지 아니한"과 "특수기록관리 설치되지 아니한"의 차이를 제외하고는 나머지 기능은 동일함을 볼 수 있다. 즉, 기록관과 특수기록관은 본질적으로 동일한 형태의 기능을 수행하는 기록물관리기관으로서 공공기관의 기록관리를 총괄하는 역할을 하는 것임을 알 수 있다.

한편 특수기록관은(제14조 제2항) 기록물관리기관의 시설·장비 기준(제28조 제1항)에 맞추기 위하여 이를 위한 전문인력을 갖추도록 하고 있다. 특수기록관에 별도로 전문인력을 갖추도록 요구하는 것은 관리대상 기록물의 특성을 반영한 조치이다. 특수기록관이 다루는 업

무 영역이 통일 · 외교 · 안보 · 수사 · 정보 등 국가안보나 국민의 신분
과 재산 등에 대한 정보를 다루고 있기 때문에 일반기록물 보다는 좀
더 강화된 보호가 필요한 분야이다. 그러한 점을 반영하여 특수기록
관의 시설 및 장비를 영구기록물관리기관의 시설까지는 아니지만 상
당수준까지 두도록 엄격하게 규정한 것이다. 따라서 기록관이 평시의
기록관리를 염두에 둔 시설 · 장비 기준에 초점이 두어져 있다면 특수
기록관은 비상시까지를 염두에 둔 기록관리를 해야 한다는 점에서 보
다 전문화된 운영인력이 필요하다고 판단하여, 인력규정을 별도로 두
고 있는 것이다.

　기록물의 관리는 공개를 지향하는 방향으로 운용되도록 설계되어
있다. 그러나 일시적 필요에 의해서건, 또한 관련 업무의 성격상에 따
라서건 공개가 일정기간 제한(영원한 제한은 없다)을 할 수 있는데,
이에 대해 다루고 있는 것이 법 제19조의 제3항과 제4항, 그리고 제5항
의 내용이다. 제3항은 기록관과 특수기록관의 공통적용사항이, 제4항은
특수기록관에 적용되는 사항이, 제5항은 국가정보원에 적용되는 사항을
다루고 있다. 일종의 점층적으로 대상 기록물의 중요도나 민감도를
반영한 조치라고 할 수 있다.

### ◉ 행위자 중심으로 법령 읽기 : 기록물관리기관

　기록물관리기관은 (특수)기록관, 지방기록물관리기관, 헌법기관기
록물관리기관, 중앙기록물관리기관 등을 통칭하여 사용하는 용어다.
즉, 모든 기록물관리기관에 동일하게 적용되어야 할 사항을 다룰 때,
법령의 주어가 "기록물관리기관"으로 표현됨을 볼 수 있다. 기록물
관리기관 또는 기록물관리기관의 장이 주어로 사용되는 법령 조항은

다음과 같다.

---

**제29조(기록매체 및 용품 등)**
- 제1항 : 기록물관리기관이 기록물을 마이크로필름 또는 전자매체에 수록하여 관리할 때에는 중앙기록물관리기관과 상호 유통 및 활용이 가능하도록 중앙기록물관리기관이 정하는 기준에 따라 관리하여야 한다.

**제30조(기록물 보안 및 재난 대책)**
- 제1항 : 기록물관리기관의 장은 소관 기록물의 안전한 관리를 위하여 대통령령으로 정하는 바에 다라 기록물에 대한 보안 및 재난 대책을 수립·시행하여야 한다.

**제32조(비밀 기록물 관리의 원칙)**
- 기록물관리기관의 장은 대통령령으로 정하는 바에 따라 비밀 기록물 관리에 필요한 별도의 전용서고 등 비밀 기록물 관리체계를 갖추고 전담 관리요원을 지정하여야 하며, 비밀 기록물 취급과정에서 비밀이 누설되지 아니하도록 보안대책을 수립·시행하여야 한다.

**제35조(기록물의 공개 여부 분류)**
- 제2항 : 기록물관리기관은 비공개로 재분류된 기록물에 대해서는 재분류된 연도의 다음 연도부터 5년마다 공개 여부를 재분류하여야 한다.
- 제5항 : 기록물관리기관의 장은 통일·외교·안보·수사·정보 분야의 기록물을 공개하려면 미리 그 기록물을 생산한 기관의 장의 의견을 들어야 한다.

**제41조(기록물관리 전문요원)**
- 제1항 : 체계적·전문적인 기록물관리를 위하여 기록물관리기관에는 기록물관리 전문요원을 배치하여야 한다.

기록물관리기관 전체가 공통적으로 이행해야 하는 사항은 기록물 매체수록 관리, 보안 및 재난 대책의 수립·시행, 비밀 기록물 관리를 위한 대책 수립, 비공개기록물 5년재분류, 기록물관리 전문요원 배치 등이다. 기관의 기록물관리가 어떻게 이루어지는지를 기본적으로 살펴볼 수 있는 지표가 될 수 있는 항목들이다.

## ◼ 행위자 중심으로 법령 읽기 : 기타

앞에서 살펴본 것들 이외에도 공공기록물법에서 몇 개의 주어로 읽어야 하는 것들이 나온다. 한 묶음으로 구별하여 살펴볼 수 있는 일관성은 없지만 각각을 살펴보기 위해 별도로 구분하기 어려운 것들을 한데 묶어서 기타로 정리해 본다.

첫째로, 국가기록관리위원회 위원장에 대한 내용이다.

---

**제15조(국가기록관리위원회)**
- **제3항** : 위원회의 위원장은 국무총리가 위원 중에서 임명하거나 위촉하고, 부위원장은 위원 중에서 호선한다.

---

"국가기록관리위원회의 위원장은"은 주어라기보다는 목적어에 속한다. 위원장의 임명 또는 위촉의 주체는 국무총리가 된다. "국무총리는 위원 중에서 위원회의 위원장을 임명하거나 위촉한다"와 같이 읽으면 의미가 정확해진다. 즉, 위원장의 임면권을 국무총리에게 부여함으로써 위원회의 위상을 높이는 효과를 가져왔다. 그러나 국가기록관리위원회 이외에도 수많은 국무총리 소속의 위원회가 소관 부처나 기관의 운영 범위 안에서 이루어지고 있고, 이는 실질적인 관리감독의 범위

안에 있지 않음을 확인할 수 있다. 위원회에서 다루는 심의사항이 국정전반에 미치는 파급력이 크다면 당연히 관심을 갖겠지만, 실제로 그렇지 못한 상태에서 형식상의 국무총리 소속 위원회라고 볼 수 있다.

설령 대통령 소속 위원회가 된다고 하더라도 지금의 구조에서는 실효성 있는 역할을 할 수는 없다. 오히려 위원회에서 적극적으로 심의과정에 참여할 수 있도록 제도화하는 방향을 검토하는 것이 더 효과적일 수도 있다는 생각을 한다.

둘째로, 기록물공개심의회의 운영과 관련된 내용이다.

---

제38조(기록물공개심의회)
- **제2항** : 기록물공개심의회는 위원장 1명을 포함하여 7명의 위원으로 구성하고, 위원장과 위원의 임기는 2년으로 하며, 연임할 수 있다.
- **제3항** : 기록물공개심의회의 위원은 소속 공무원 및 기록물의 공개와 관련된 지식과 경험이 풍부한 사람 중에서 영구기록물관리기관의 장이 임명하거나 위촉하며, 그 구성과 운영에 관한 사항은 대통령령으로 정한다.

---

기록물공개심의회의 구성 및 운영 등에 대해 규정하고 있는 내용이다. 기록물공개심의회는 기록물관리기관이 보유하고 있는 비공개기록물의 공개 여부를 판단하는 기능을 한다. 기록관 단위에서는 정보공개심의회를 활용하거나 기록물평가심의회를 활용하는 등의 방법으로 운영을 할 수 있을 것이다. 영구기록물관리기관에서는 기록물공개심의회를 구성하도록 의무화되어 있다.

구성과 관련하여 살펴보면, 현재는 위원 중 4명 이상을 민간에서 위촉하도록 하고 있다. 위원회가 실효성 있게 운영되도록 하기 위해서는 위원회 구성을 임기를 보장하는 고정형 위원회보다는 인력풀을 놓고, 사안별로 구성을 달리할 수 있도록 유연화할 필요가 있다. 영구기록물관리기관에서 보존·관리하고 있는 기록물은 다양한 유형의 기록물이 혼재되어 있다. 즉, 성격이 다른 기록물을 위원회에서 공개심의를 하게 되는데, 그때 각 위원이 커버할 수 있는 영역이 상이할 수 있다. 가능하다면 심의대상이 되는 기록물이 속한 분야에 대한 전문성과 경험이 풍부한 위원들로 위원회가 운영된다면 심의의 밀도와 질이 좋아질 것이라고 생각한다.

대상을 특정할 수는 없으나 역할을 정의할 수 있는 경우에는 다음과 같이 법령에 반영되어 있다.

---

**제43조(국가지정기록물의 지정 및 해제)**
- **제2항** : 민간기록물을 소유하거나 관리하는 자는 중앙기록물관리기관의 장에게 그 민간기록물을 국가지정기록물로 지정하여 줄 것을 신청할 수 있다.

**제44조(국가지정기록물의 변동사항 관리)**
- 제43조 제1항*에 따라 지정된 국가지정기록물의 소유자 또는 관리자는 그 국가지정기록물에 관하여 다음 각 호의 어느 하나에 해당하는 변동사항이 발생한 경우에는 대통령령으로 정하는 바에 다라 그 사실을 중앙기록물관리기관의 장에게 신고하여야 한다.

**제47조(비밀 누설의 금지)**
- 비밀 기록물 관리 업무를 담당하였거나 비밀 기록물에 접근·열람하였던 자는 그 과정에서 알게 된 비밀을 누설하여서는 아니 된다.

---

\* 개인이나 단체가 생산·취득한 기록정보 자료 등으로서 국가적으로 영구히 보존할 가치가 있다고 인정되는 민간기록물 대상.

이와 같이 대상을 특정할 수는 없으나 공통적으로 적용되어야 하는 사항에 대해서는 벌칙에서도 각각 그 내용을 규정하고 있다. 벌칙의 국외반출, 무단폐기, 폐기금지위반, 무단은닉이나 유출, 중과실로 인한 멸실 및 손상, 비공개기록물의 용도외 사용, 기록물 조사를 거부하거나 방해하는 일, 업무상 알게 된 비밀을 누설하는 등의 법령위반은 누구나 범할 수 있는 사항들이다. 법령 위반사항에 대해서 벌칙을 부과할 수 있도록 함으로써 법 제4조 제1항에서 모든 공무원과 공공기관의 임직원이 지켜야 할 사항을 상기시키고 있음을 확인할 수 있다.

## 3. 시나리오 방식(方式)으로 법령 읽기

법령을 읽다 보면 "~할 수 있다"의 형식으로 끝나는 문장을 종종 찾아볼 수 있다. 이 경우 법령의 이행 주체에게 해당 조항의 내용을 선택할 수 있는 권한이 부여되는 것이라고 해석된다. 따라서 법령에서 "~할 수 있다"고 한 것을 선택했을 때와 선택하지 않았을 때 발생하게 되는 현상과 그 결과에 대한 책임은 이행 주체에게 부과된다고 볼 수 있다. 현장에서 적용한 모델과 적용하지 않은 모델을 찾아서 비교해 보는 것이 가장 좋을 것이다. 긍정적인 관점에서 보자면 "~할 수 있다"라고 했을 때, 어떤 선택을 하건 그것으로 인해서 이행 주체에게 불이익이 가는 경우는 없다. 문제가 생길 것이 예상된다면 법령은 명확하게 하지 말도록 해야 하기 때문이다. 따라서 "~할 수 있다"라고 되어 있는 부분은 이행 주체에게 선택권을 보장함으로써 자율적인 의사 결정과 활동을 할 수 있도록 보장하려는 표현이라고 볼 수 있다.

그렇지만 법령을 그 선택이 다른 것과 관계될 때는 법령에서 의도

하지 않았던—예상하지 못했던—결과가 나타날 수도 있다. 따라서 법령을 읽을 때 모든 가능성을 열어두고 읽어나가는 것이 필요하다. 실제 적용한 모델을 쉽게 찾기 어려운 경우 가상의 시나리오를 설정해서 예상가능한 상황을 시뮬레이션 해보면 어떨까 생각해 보았다.

물론 실제 상황과는 현저한 차이가 있겠지만 법령을 다양한 관점에서 해석하고, 자신이 경험하게 될 현장에서 미리 적응해보는 훈련을 할 수 있지는 않을까 생각한다. 법령을 읽을 때 너무 머리를 딱딱하게 만들 필요는 없다. 오히려 법을 읽을 때는 유연하고, 창의적인 방식으로 읽어 내려가는 것이 필요하다. 다만, 그것이 내게 유리한 '나' 중심이 아니라, 법령의 적용이 되는 '대상'이나, 나를 포함한 '우리'에게 유리한 방향으로 해석하도록 노력해야 한다.

### ◉ 시나리오 방식으로 법령 읽기 : 의무와 실천의 경계에서

시나리오 방식으로 법령을 읽는 것은 선택의 조건이 주어지는 상황에서 선택했을 때와 선택하지 않았을 때를 비교하면서 읽는 방식이다. 이 경우는 실제 기관에서 적용한 사례가 무엇보다 중요하다. 실제 적용사례를 들어가며 설명하는 것이 가장 좋은 방법이겠지만, 여기에서는 법령해석 방법과 관련한 논의를 이끌어 가고자 한다.

시나리오 방식으로 적용되어야 하는 예에 대한 기관에서의 실제 적용사례는 각급 기관에서 공유해 준다면 제각기 좋은 참조를 할 수 있게 될 것이라 생각한다.

시나리오 방식으로 법령 읽기는 크게 보면 두 가지 영역으로 구분된다. 첫째는 "~할 수 있다"만 있는 경우로, 선택의 결정권이 온전히 적용대상 기관에게 부여되어 있는 경우이다. 이 경우에는 기관에게

'YES or NO'만 있는 것과 같은 효과를 가져온다. 물론 'YES'를 선택했을 경우, 그 안에서 기관이 취할 수 있는 내용은 상이할 수 있다. 따라서 이 지점에서 각급 기관의 기록관리 현상이 다르게 나타날 수 있는 여지가 생긴다고 생각한다.

둘째는 "~할 수 있다"와 "~하여야 한다"가 혼합되어 있는 경우이다. "~할 수 있다"는 분명히 선택사항이다. 그런데 이어서 "~하여야 한다"가 나온다면 어떻게 읽어야 할까? 기관에 선택권이 있는데, 선택한 경우나 반대로 하지 않았을 경우에 따라 제각기 다른 의무가 부여된다는 것으로 법을 읽어야 하는 부분이다. 즉, 선택과 의무가 혼재되어 나타나는 경우다. 다른 말로 하자면 조건부 선택이라고 부를 수도 있겠다.

첫째 방법이나 둘째 방법 모두 기관에 선택권이 우선된다는 점에서는 차이가 없다. 다만, 오로지 기관의 선택에 맡기는 것과 기관에서 선택하되 조건이 붙는 경우에는 일정한 범위가 정해진다는 인상을 준다. 기록관리의 목적, 범위와 몇 가지 원칙은 특별히 언급하지 않아도 준수해야 하는 사항이다. 기록이 만들어지고 움직이는 양상을 살펴보면 다양성을 갖고 있음을 볼 수 있다. 그렇기에 원칙적으로 통일성을 기해야 하는 것이 아니라면 어느 정도의 유연한 적용이 가능하도록 할 필요가 있다.

"~해야 한다"는 의무조항이 많은 법과 "~할 수 있다"는 선택조항이 많은 법령 중 어떤 법령이 더 편하게 느껴질까? 사람에 따라서는 의무조항이 많은 것이 편할 수도 있다. 정해진 대로만 하면 되기 때문이다. 그렇지만 기록의 생산과 관리현장이 동일한 조건으로 구조화하는 것이 불가능하다면, 제한된 범위 안에서 만이라도 유연하게 적용할 수 있는 부분들을 두는 것이 나은 방법이라고 할 수 있다.

시나리오 방식으로 법령 읽기는 그런 상황을 염두에 두고 법령을 읽어보려는 관점에서 사용하는 것이다. 그러다 보니 자연스럽게 "~해야 한다"는 의무와 "~할 수 있다"는 선택의 경계에서 기록전문가들의 고민과 선택이 발생하게 된다. 선택의 경계는 곧 실천의 경계다. 내가 선택한 것이 실천할 수 있는 대상과 범위를 결정한다.

여기서 고민해야 할 점은 세상은 '0'과 '1'의 이진법의 세계가 아니라는 것이다. 할 것인지, 하지 않을 것인지만 선택할 수 있다면 좋겠지만, 다양한 변수가 존재한다. 제한된 자원을 활용해야 하는 상황과, 예기치 않았던 상황이 발생하는 경우 기존과는 다른 형태의 상호작용이 발생하면서 그 내용이 변화될 수 있음을 생각해야 한다. 현실세계는 고정된 세계가 아니라 변화무쌍함을 기억해야 한다. 하나의 방법을 선택했다고 하더라도, 그 선택에만 머물러서는 안된다. 끊임없이 돌아보고 현상을 적용하기 위해 노력해야 한다.

### ◼ 시나리오 방식으로 법령 읽기 : "~할 수 있다"만 있는 경우

"~할 수 있다"는 선택할 수 있다는 의미이다. 제대로 된 시나리오방식으로 읽기는 선택의 결과에 따라 나타나는 결과를 갖고 법령이 어떻게 작동하는지를 살펴보는데 유용할 것이다. 여기에서는 일단 "~할 수 있다"로 구성되어 있는 법령이 어떤 것들이 있는지 살펴보는 것으로 갈음하려고 한다.

공공기록물법이 "~해야 한다"와 같은 의무가 많은 것으로 보이지만, 법령의 행간을 읽어보면 공공기관이나 기록물관리기관이 선택적으로 추진할 수 있는 것이 상당수 있음을 확인할 수 있다. 우선 "~할 수 있다"가 반영된 법령의 리스트는 다음과 같다.

제9조(중앙기록물관리기관) 제3항, 제4항

제11조(지방기록물관리기관) 제4항, 제6항

제14조(특수기록관) 제1항

제15조(국가기록관리위원회) 제4항, 제5항

제17조(주요 기록물의 생산의무) 제4항

제19조(기록물의 관리 등) 제4항, 제5항

제21조(중요 기록물의 이중보존) 제3항

제25조(폐지기관의 기록물관리) 제3항

제26조(기록물의 회수) 제2항

제27조의3(기록물의 폐기 금지) 제3항

제28조(기록물관리기관의 시설·장비) 제2항

제30조(기록물 보안 및 재난 대책) 제1항, 제2항

제36조(영구기록물관리기관 보존기록물의 비공개 상한기간 지정)

제37조(비공개 기록물의 열람) 제1항

제43조(국가지정기록물의 지정 및 해제) 제1항, 제2항, 제3항, 제6항

제45조(국가지정기록물의 보존·관리) 제1항, 제2항

제46조(주요 기록정보 자료 등의 수집) 제1항, 제3항, 제4항

제46조의3(유네스코 국제기록유산센터의 설립) 제6항, 제7항

제46조의4(기록의 날 지정) 제2항

위 목록에서 알 수 있듯이 기록물관리기기관이 수행하는 다양한 기능과 역할 중 선택의 조건이 부여되는 것들이 있음을 볼 수 있다. 물론 실제 법령을 읽을 때는 "~할 수 있다"가 포함된 조항만이 아니라 전후 관계를 살피며 어떤 맥락에서 선택적인 법 적용을 할 수 있도록 하고 있는지를 확인해야 한다. 기록관리의 전반적인 흐름은 법의 목적과 각종 원칙에서 제시하고 있다. "~할 수 있다"와 같은 선택조항은 이러한 원칙을 굳이 따르지 않는다고 하더라도 기록관리에 큰 영향을 주

지 않거나, 기관의 성격이나 유형에 따라 유연하게 적용할 수 있도록
하는 여지를 준 것이다.

전체 다 살펴보는 것은 독자의 몫으로 하고 제17조 제4항의 중요기
록물의 직접 생산을 위한 필요조치의 이행과 관련한 사항만 예로 살
펴보도록 하자.

---

**제17조(주요 기록물의 생산의무)**

- **제4항** : 영구기록물관리기관의 장은 주요 기록물 보존을 위하여 관련 기록물을 직
  접 생산할 필요가 있다고 인정하는 경우에는 관련 공공기관의 장과 협의하여 그
  공공기관 또는 행사 등에 소속 공무원을 파견하여 기록물을 생산하게 할 수 있다.

---

제4항에서의 포인트는 "영구기록물관리기관의 장"이 필요하다고 판
단했을 때 관할하는 공공기관과 관련된 기록을 소속 공무원, 즉 영구
기록물관리기관의 직원으로 하여금 기록물을 생산할 수 있도록 한 것
이다. 그런데 대상이 "그 공공기관 또는 행사 등"이라고 포괄적으로
정의한 부분을 살펴보아야 한다. 실현가능성이 높지는 않지만, 국가적
으로 중요한—또는 해당 영구기록물관리기관의 소관 영역에서 중요한
—경우라고 판단한다면 협의를 통해 기록 생산을 할 수 있다고 한 것
이다. 이는 중요기록물이 생산되지 않거나, 생산되어도 등록되지 않는
등 과거의 기록생산 부실을 어느 정도 염두에 둔 조치라고 할 수 있다.

공공기록물법의 벌칙조항을 살펴보면 의도적인 미등록의 경우에 이
를 제어할 수단은 없다. 그렇다고 사전에 미리 미등록할 것이라고 예
측할 방법은 없다. 다만, 특별한 목표의 수행을 위해서 태스크포스가
구성되고, 기존의 업무생산체계에 따르지 않고 업무의 수행과 기록의
생산이 이루어지는 경우 해당 조직은 목표달성과 함께 사라질 가능성

이 높다고 판단할 수 있다. 이러한 경우 해당 기관에 대한 불신이 아니라 업무의 초기단계부터 직접 함께 참여함으로써 기록이 정상적으로 생산되어 등록—등록방법은 해당 기관의 생산시스템에 등록되고 기록관리시스템을 통해 영구기록물관리기관까지 연계되는 일반적인 절차를 따르는 것이 적절—하도록 하는 것이 필요하다고 판단한다. 영구기록물관리기관에서 소속 공무원을 파견하여 기록물을 직접 생산하도록 하였다고 하더라도 생산 이후의 관리절차는 일반절차를 따르도록 하는 것이 타당하다고 말하는 것이다. 영구기록물관리기관은 그렇게 생산된 기록정보를 확보함으로써 당해 기관에서 적절한 관리와 활용이 이루어지도록 지원하는 것이 적절하다. 영구기록물관리기관의 목표는 누락되는 기록물이 발생하지 않도록 하는데 초점이 맞추어져야 한다.

만약에 관련 기록물을 생산할 필요성이 있다고 판단은 하였으나 소속 공무원을 파견하지 않기로 한다면 어떻게 해야 할까? 소속 공무원을 파견하여 기록하게 하지는 않지만 당해 기관과의 협의과정에서 어떤 기록물 또는 해당 기록물이 생산되어야 한다고 판단되는 기능이나 활동에 대해 기록물 생산지침을 만들어서 제공하거나, 해당 기관의 기록관을 통해서 간접적으로 기록물 생산여부를 확인할 수도 있을 것이다.

아니면 아무런 조치도 취하지 않을 수도 있다.

이 모든 것이 선택할 수 있도록 되어 있는 것에 대한 시나리오가 될 수 있다. 공공기관의 업무 상당수는 루틴화되어 있지만, 그렇지 않은 것들도 많이 있다. 루틴화되어 있다고 하더라도 여러 변수로 항상 동일하게 행동하기 어려운 상황도 많다. 특히 이런 선택의 상황이 앞에 닥쳤을 때 어떤 결정을 하는지에 따라서 그 결과는 사뭇 달라질 수 있다. 그래서 "~할 수 있다"는 해도 되고 안해도 그만인 것이 아니라, 기록물관리를 함에 있어서 상황판단을 하면서 의사결정을 해야 하는 중요한 것이라 하겠다.

## ◙ 시나리오 방식으로 법령 읽기 : "~할 수 있다"와 "~해야 한다"가 함께 있는 경우

선택만이 부가되는 "~할 수 있다"라는 조항과, 선택과 의무가 병행하는 조항은 적용의 우선순위가 무엇인지부터 살펴야 한다. 선택이 먼저 나오고 후에 의무가 따라오는 경우가 있고, 반대로 의무가 있고 그에 따라 선택할 수 있는 것을 제시하는 부분이 있다. 그게 그거 아니냐 생각할 수 있지만 순서에 따라 적용해야 하는 내용과 방식, 그리고 결과도 달라진다. 따라서 이런 경우에는 세심하게 읽을 필요가 있다. 또한 선택과 의무가 함께 있는 경우는 일정한 범위를 제한하는 것으로 읽는 것이 편하게 읽는 방법이 될 수도 있다. 특히 단서조항으로 붙어 있는 경우에는 왜 이 부분이 단서로 붙었을까를 생각해보면 좋은 인사이트를 얻을 수 있을 것으로 생각한다.

"~할 수 있다"와 "~해야 한다"가 함께 있는 법령부분은 다음과 같다.

---

제10조(헌법기관기록물관리기관) 제1항
제11조(지방기록물관리기관) 제2항, 제3항
제17조(주요 기록물의 생산의무) 제2항
제18조(기록물의 등록·분류·편철 등)
제19조(기록물의 관리 등) 제7항(제8항)
제26조(기록물의 회수) 제1항
제27조의3(기록물의 폐기 금지) 제1항
제35조(기록물의 공개 여부 분류) 제1항, 제항, 제4항

---

> 제46조(주요 기록정보자료 등의 수집) 제2항
> 제46조의2(헌법기관기록물관리기관 등의 민간기록물 수집)

법령을 다루고 그에 따라 업무에 적용해야 하는 경우 용어의 사용에 민감해야 한다.

전체 다 살펴보는 것은 독자의 몫으로 하고 제17조 제2의 회의록 등 의사결정 기록물의 생산과 관한 부분을 예로 살펴보도록 하자.

> 제17조(주요 기록물의 생산의무)
> - **제2항** : 공공기관은 대통령령으로 정하는 바에 따라 주요 회의의 회의록, 속기록 또는 녹음기록을 작성하여야 한다. 이 경우 속기록 또는 녹음기록은 그 기록물의 원활한 생산 및 보호를 위하여 대통령령으로 정하는 기간 동안 공개하지 아니할 수 있다.

제2항은 회의록 등의 생산은 의무로 되어 있는데, 이 중 속기록과 녹음기록의 공개기간을 공공기관에서 일정기간 제한할 수 있다는 내용이다. 제2항을 다시 읽어보자. "주요 회의의 회의록, 속기록 또는 녹음기록을 작성"하는 것은 의무사항이다. 그 의무의 범위 안에는 해당 기록에 대한 공개 여부가 포함된다. 따라서 주요회의에서 생산된 "속기록 또는 녹음기록"은 "그 기록물의 원활한 생산 및 보호"를 위해 필요하다고 판단하면, 10년의 범위 안에서 해당 기록물의 전부 또는 일부를 공개하지 않을 수 있다. 즉, 생산은 의무사항이지만, 그 의무의 범위 안에서 공개의 원칙이 회의록을 생산하도록 하려는 의도에 의해서 일정기간의 범위를 정해서 보호할 수 있도록 한 것이다.

만약 이러한 속기록 또는 녹음기록에 대한 보호조치를 하지 않을 경우, 회의의 결과나 발언내용의 요약이 대부분인 회의록만 남아서 회의가 진행되는 과정의 생생함이 기록으로 남지 못하게 될 것이다. 물론 회의록만으로도 충분한 경우도 있으나, 법령에서 전제로 하는 것은 "주요 회의"이다. 공공기관은 조직운영의 효율성을 높이고, 다양한 의견을 수렴하기 위해서 기관 내외부 인사들로 구성된 다양한 의견수렴을 하게 된다. 그 대표적인 것이 위원회 등 회의체다. 직접 의사결정을 하는 경우도 있으나 주요한 정책결정을 하는데 도움을 받기 위해 머리를 맞대고 회의를 하는데, 발언의 내용이 문제가 된다면 아무도 소신껏 발언하지 못할 것이다. 따라서 일정기간 발언의 내용을 보호하도록 한 것은 실제 정책이 수립되고 추진되는 과정 동안에 불필요한 소모적 논쟁이 발생할 여지를 사전에 차단하려는 것이라고 할 수 있다.

공공기관은 회의록은 생산하여 공개하되, 주요 회의의 관련 속기록과 녹음기록은 세세한 발언내용까지 수록되므로 일정한 기간 보호하도록 한 것이다. 공공기록물법령에서는 보호기간의 범위를 최대 10년까지로 정한 것이고, 공공기관에서는 10년의 범위 이내에서 보호기간을 정할 수 있다. 논리적으로는 회의록과 함께 공개하는 것도 가능하고, 회의록에도 업무진행과정 등의 사유로 보호기간을 설정하는 경우 여기에 연동해서 공개기한을 설정할 수도 있다. 또 회의록의 공개 여부와는 관계없이 일률적으로 보호기간을 설정할 수도 있다. 어떤 판단을 하건 그것은 공공기관에서 할 수 있는 일이다. 다만, 이러한 결정이 합리적인 판단에 근거해서 이루어지고, 그러한 결정을 내리는 과정이 투명하게 관리되어야 한다는 점을 염두에 두어야 한다. 혹, 비공개된 것을 공개하도록 요구하는 일이 발생한다. 이때 비공개하는 이유를 명확하게 한다면 공개청구자에 대해 설명을 하기가 용이해 질 것이다.

회의록 등을 작성하도록 하는 목적이 행정의 투명성과 관련이 있듯이, 속기록 등의 보호조치와 관련된 사항도 투명성과 관련이 있다.

# 4. 덩어리(청크)로 읽기 1

중학교에 들어가자마자 영어 단어시험을 봤다. 알파벳도 익히지 않았던 나는 당연히 0점을 당당하게 받았고, 그때부터 영어와의 악전고투가 시작되었다. 시험은 일주일마다 치러졌고, 그때마다 좌절감을 느꼈다. 알파벳을 겨우 익혔는데, 이미 시험은 기초적인 문법으로 넘어간 상태였고, 기초 문법도 1형식, 2형식 정도 따라가게 되었는데, 의문문이니 어쩌니 해가면서 항상 뒤따라가는 시간이 길어졌다. 결국 중학교 1학년 1학기를 마칠 무렵부터는 영포족의 길로 들어갔다.

그러나 우리나라가 영어를 못한다고 그냥 놔두는 사회가 아니지 않는가. 이후 고등학교와 대학을 거쳐 대학원, 그리고 직장생활을 하는 동안에도 내내 영어는 나를 괴롭히는 '적'이 되어 있었다. 지금도 영어로부터 자유롭지 않지만, 그래도 그 전보다는 많이 편해진 부분이 있다.

영어를 말할 때 청크단위로 말하고 들으면 훨씬 더 수월하게 언어의 습득이 가능하다는 방법을 듣고 나서부터이다. 단어, 단어가 파편으로 떨어져 있는 것이 아니고 몇 개의 단어들이 의미로 묶이는 범위가 있고, 그것이 나름 일정한 규칙에 따라 움직인다는 것을 어느 정도 알게 된 후부터는 여전히 영어를 못하지만, 그래도 이전과 같은 거부감은 확연히 줄어들었다.

기록관리 관련 법령을 읽을 때에도 이런 '의미' 단위로 읽어보면 어떨까 하는 생각으로 접목시켜 보았다. 이 방식도 그 전까지와는 다른 법령에 대한 이해를 가져왔다. 즉 법령을 읽을 때, 동일하거나 유사한 의미를 지니는 조항들을 찾아서 함께 읽을 때, 좀 더 풍부하게 법을 이해할 수 있었다.

법령은 단독적으로 작용하기도 하지만, 몇 개의 조항이 같이 적용되기도 하고, 서로 다른 법령이 상호영향을 미치며 작용되기도 한다. 그러한 법령의 적용구조를 고려할 때 때때로 '의미'를 단위로 해서 법령을 읽는 것도 유용한 방법의 하나라고 생각한다.

## ◼ 덩어리(청크)로 읽기 2

사실 법령을 읽어 내려가는 데 특별한 비법이 있는 것이 아니다. 반복해서 읽고 생각하다보면 나름의 방법으로 읽는 방법이 나온다.

예를 들어 우리가 가장 많이 사용하는 '기록'이라는 단어를 생각하면, 바로 이어서 나오는 말이 무엇인가? 나의 경우에는 자동적으로 '관리'라는 말이 붙는다. 그렇게 '기록'은 대상이다. '관리'라는 말에는 '어떻게 관리해야 하는가' 하는 방법이 포함된다. 즉, '기록관리'라는 말은 '기록이라는 대상을 어떻게 관리할 것인가 하는 방법'이라는 의미로 읽게 된다. 즉, 대상과 방법을 연결해서 읽으면 단어 하나의 의미도 다르게 받아들일 수 있게 된다.

법령을 읽을 때에도 이처럼 짝을 이루어서 함께 읽을 때 보다 의미가 선명해지는 것들을 볼 수 있다. 서로 연결되는 내용이 같은 조항 안에 있을 수도 있고, 전혀 다른 조항에 연결되는 경우도 있다. 또한 연결의 대상은 사람마다 다를 수가 있다. 여기에서 예를 드는 몇 가지 사항은 지극히 개인적인 관점에서 법령을 바라볼 때의 방식이므로 이 글을 읽는 독자여러분은 자기의 방식으로 연결하고 생각해보시기 바란다. 좋은 인사이트가 있다면 언제든지 의견을 주시면(https://blog.naver.com/girok2) 감사히 들을 준비가 되어 있다.

'생산'이라는 말에는 어떤 단어가 연상될까? 등록, 주요기록물, 정리, 생산현황보고 등이 떠오른다. 여기에 '생산부터 활용까지'가 연결되면 어떻게 될까? 관련된 법 조항은 법 제5조(기록물관리의 원칙), 제16조(기록물 생산의 원칙), 제17조(주요 기록물의 생산의무), 제18조(기록물의 등록·분류·편철 등) 등이 해당한다.

위에서 제시한 단어들을 하나로 묶어서 법을 읽으면 어떻게 읽힐까? 물론 업무를 수행하면서 자연스럽게 각각의 것들이 자연스럽게 연결되면서 처리가 되고 있을 것이라고 생각한다. 하지만, 그것을 하나로 묶어서 읽고 생각해보는 것은 다른 차원의 이야기이다.

기록물의 생산은 '등록'과 함께 이루어진다. 등록하지 않은 기록은 그것이 업무과정에서 만들어졌다고 하더라도 '기록'이라고 보기에 어렵다. 미등록된 기록정보가 기록이 되기 위해서는 몇 가지 검증이 과정이 필요하고, 그렇게 하더라도 신뢰성에 있어 심각한 문제제기가 있을 수 있다.

아무튼 기록은 등록됨으로써 그 존재를 드러내는데, 모든 기록이 등록되어야 하지만, 그 중에서도 기관의 업무나 활동의 핵심적인 증거가 되어주는 주요 기록물의 생산에 있어서는 더욱 주의가 필요하다. 기록을 소홀히 대하지 않는 마음이 필요한 것은 그 안에 만든 사람의 정신이 함께 들어있기 때문이다.

등록된 기록은 일정기간 업무에 이용되는 시간을 거친 후에 '정리'라는 절차를 통해서 최종적으로 '확정'된다. 이때의 확정은 기록인지 아닌지를 확정하는 것은 아니다. 실제 그 기록이 공식적인 활동의 결과물임을 확정하는 것이다. 그런 점에서 등록이 기록의 일차적 확정이라고 한다면, 정리는 이차적 확정의 과정이라고 할 수 있다.

이렇게 정리된 기록과 기록정보는 당해 기관의 기록물관리기관으로 취합되고, 다시 소관 영구기록물관리기관 등으로 취합된다. 이때부터 본격적인 기록관리와 기록물의 분석이 이루어지게 된다. 우리는 '기록물의 분석'을 하지 않는다고 할 수 있다. 물론 그럴 수 있다. 하지만, 적어도 기록전문가라면 관리 대상이 되는 기록물에 대해서 분석하는 것이 자연스러운 일이 아닐까 생각한다.

## ◼ 덩어리(청크)로 읽기 3

현대 기록관리에서 가장 많이 사용되는 용어의 하나가 '전자기록물'이다. '전자기록물'을 키워드로 해서 연상되는 용어는 어떤 것들이 있는가?

전자기록물에 대응되는 말로 '비전자 기록물'이라는 말이 있다. 또 전자기록생산시스템, 전자기록관리시스템과 같은 시스템 분야가 떠오른다. 전자적 관리를 위한 다양한 '기록관리표준'(제39조)도 연상될 수 있다. 그리고 전자기록관리 방법론과 관련하여 전자기록물의 관리(제20조), 전자기록물 기술정보의 관리(제20조의2)도 함께 연관되는 단어다.

'전자기록물'과 '비전자기록물' 모두 공통의 속성을 갖고 있기 때문에 '기록물'이라고 부른다. 만약 두 가지가 다른 존재라면 관리에 있어서나 이후의 처분에 이르는 과정에서도 상이한 모습이 나타나야 한다. 그러나 방법상의 차이는 있지만 실제 운용에 있어서의 차이는 매체 종속성을 제외하면 '관리'의 차원에서는 그렇게까지 크게 느껴지지 않는다. 물론 앞으로 변화하는 양상에 따라서는 완전히 별개로 분리해야 하는 상황이 올지도 모르겠으나 현재는 그렇다는 생각이 더 많이 든다.

그럼에도 '전자기록'을 별도로 구분하여 읽어야 하는 이유는? 단순히 기록을 생산하는 수단이 '전자적'인 방식으로 확산되고, 생산된 기록이 물리적 속성이 아닌 시스템 안에서 '데이타'의 속성을 가지기 때문만은 아닐 것이라고 생각한다. 전자기록의 쓰임새가 지금까지와는 다른 양상으로 활용될 수 있다고 보기 때문이다.

기록정보를 담고 있는 컨테이너로서는 '비전자'와 '전자'의 차이가 없다. 그러나 '전자'는 몇 가지 보조적인 수단만 확보하면 시간과 공간의 벽을 넘어갈 수 있다. 여기에서 지금까지와는 다른 속도로 기록정보를 활용할 가능성이 열린 것이다.

지금까지는 기록의 양적증가에 따른 관리방법을 고민했다면, 활용의 질을 높이기 위해서 무엇을 할 수 있을지 고민해야 할 때가 되었다. 법령에 있는 전자기록과 관련된 용어들을 그런 관점에서 읽을 때 어떻게 다르게 읽히는지 시도해보면 좋을 것으로 생각한다.

## 🔲 덩어리(청크)로 읽기 4

기록관리의 끝단에서 이루어지는 행위가 기록물 '폐기'이다. 폐기와 쌍으로 사용되는 용어가 '평가'인데, 실제 폐기와 평가의 차이가 어떤지를 묶어서 읽어보는 것도 좋다.

공공기록물법에서는 기록물의 폐기(제27조)가 먼저 나오고 뒤이어 기록물평가심의회(제27조의2)가 언급된다. 그리고 중대 사안 등 긴급한 조치가 필요한 기록에 대한 기록물의 폐기 금지(제27조의3)이 관련된 조항으로 묶을 수 있다.

논리적으로 보면 기록물을 폐기하려는 경우로부터 시작되어 기록물의 평가과정이 이루어진다. 결국 법령에서는 기록물의 폐기를 전제로 기록의 가치평가에 대한 서술이 이루어지고 있는 것을 볼 수 있다.

이를 뒤집어서 생각해보면 어떨까? 예를 들면 "기록물관리기관은 매년 보존기간이 도래한 기록물의 가치가 지속되는지 여부를 판단하기 위하여 기록물관리 전문요원의 심사와 기록물평가심의회의 심의를 거쳐야 한다. 이를 위하여 기록물관리기관은 소관 기록물의 가치를 평가하는데 필요한 기준을 수립하여야 한다. 기록물의 가치를 평가한 결과 더 이상 보존의 필요성이 없는 것으로 결정된 기록물은 절차에 따라 기록물을 폐기할 수 있다"와 같은 구조로 법령이 되어 있다면 지금과는 조금은 다른 모습을 지닐 것으로 생각한다.

가치평가가 폐기에 종속되는 것으로는 대량폐기나 형식적인 절차 준수를 거친 후 이루어지는 폐기를 막기가 어렵다고 생각한다. 먼저 기관의 조직과 기능, 그리고 생산된 기록물과 기록물이 생산될 당시의 환경과 평가하는 시점에 참여하는 사람의 관점 등을 종합적으로 연계하여 검토하도록 기준이 세워진다면 평가의 방식과 내용이 달라질 수 있다고 본다.

즉, 이 부분을 '폐기'를 중심으로 해석하고 읽을 것인가, 아니면 '가치평가'를 기준으로 하여 읽을 것인가에 따라서 법을 바라보는 관점 자체가 달라진다고 생각한다. '가치평가'를 기준으로 법을 보게 되면, 기록의 생산부터 이어지는 각 단계마다 추가되는 기록정보들이 메타데이터 안에 고스란히 녹아들어 기록의 최종적인 판단에 영향을 주는 요인이라는 생각으로 바라보게 될 것이다. 그리고 실제로 기록이 그렇게 생산되고 관리될 수 있도록 시스템을 구현하거나 표준을 만들

때에도 고려하게 될 것이다.

반면에 현재와 같이 폐기가 먼저 나오고 이어서 평가의 절차를 준수하도록 하는 방식은 기록관리를 단순히 '보존'하는 행위, 즉 일정한 물리적 또는 전자적 공간에 가두어 놓는 행위를 최종적으로 종결하는 의식이 된다. 그런 점에서 법령의 순서는 현재와 같이 되어 있다고 할지라도 반대의 방향으로 법령을 읽고 해석하며, 향후 법령이 개정이 될 수 있도록 검토가 필요한 부분이라고 생각한다.

## 5. 동사 중심으로 읽기 1

행위자 중심(I am~)으로 읽기와 일견 유사해 보이는 방식이다. 차이점은 '행동'에 초점을 맞추어서 읽는 방식이라고 할 수 있다. 행위자 중심으로 읽기는 '행위자'가 무엇을 하여야 하는가에 초점이 두어진다. 동사 중심으로 읽기는 '어떤 활동'이 이루어져야 하는가에 초점이 두어진다.

모든 법령은 활동을 포함하고 있다. 이 활동은 법령에서 목적으로 하고 있는 바를 달성하기 위한 여러 수단을 포함한다. 적재적소에 인력, 예산, 시설, 장비 등 가용한 모든 자원이 투입되어 사용될 수 있어야 한다. 이를 위해서 어떻게 활동해야 하는지 관심을 갖고 들여다보는 것이 동사 중심으로 읽기가 된다.

동사는 활동성이 있다. 움직임을 따라서 예측 가능한 방향으로 움직일 것인지, 아니면 다른 변수들의 영향을 받으면서 예측과는 달리 움직일지 수시로 살펴보아야 한다. 애초의 목표와 다른 상황으로 전개될 때, '문제'라고 한다. 이 문제가 일회성일 때는 예외적인 상황이라고 한다. 동일한 문제가 반복되면 그 원인과 대응방안을 고민해야 한다. 제도개선의 요구가 발생하는 지점이 이 부분이다.

의식적으로 '활동'에 관심을 두고 법령을 읽는 것은 피곤한 부분이다. 더구나 활동은 실제 업무현장의 다양한 현상과 괴리감이 생기는 부분이 눈에 보이는 부분이다. 결국 활동에 초점을 맞추다 보면 현실과의 거리(간극)에 대한 '갈등'을 어떻게 해소할 수 있을까에까지 연결된다. 당장의 답은 없더라도, 동사 중심으로 법령을 읽으면서 현실과 부닥치는 부분을 고려해볼 수 있다는 점에서 가끔은 생각하며 읽어볼 필요가 있다.

## ◘ 동사중심으로 읽기 2

주어와 술어의 관계에서 우리말은 행위를 정하는 말이 뒤에 나오기 때문에 앞이 어렵지 뒤에 있는 동사를 읽는 것 자체는 간단하다. 우리말은 행위자가 중심이기 때문이라고도 말하지만, 기본적인 문장의 구성은 어느 문화권이나 크게 다르지 않은 것이다. 가장 기본적인 문장은 어느 나라나 "주어 + 술어"로 되어 있다. 다만 주어와 술어의 거리가 얼마나 되느냐에 따라 그 언어의 특성에서 차이가 생긴다. 우리말은 주어와 술어가 가장 멀리에 위치하는 언어구조를 갖고 있다. 우리는 영미권 언어를 익히기 어렵고, 반대로 그들이 우리의 언어를 익히기 어려운 이유는 이런 구조적 차이가 있기 때문이다. 그런 점에서 동사 중심으로 법령을 읽는 것은 큰 의미가 없는 것처럼 보일 수도 있다. 그러나 동사중심으로 법령을 읽는다는 것은 읽는 사람이 최대한 주어에 가까운 위치로 동사를 끌어와서 읽어보려고 하는 시도라고 생각하면 좋겠다.

공공기록물법 제5조 기록물관리의 원칙을 예로 동사중심으로 읽기를 해보자.

---

**제5조(기록물관리의 원칙)**

- 공공기관 및 기록물관리기관의 장은 기록물의 생산부터 활용까지의 모든 과정에 걸쳐 진본성(眞本性), 무결성(無缺性), 신뢰성 및 이용가능성이 보장될 수 있도록 관리하여야 한다.

---

이 문장의 주어는 "공공기관 및 기록물관리기관의 장"이고, 술어는 "진본성(眞本性), 무결성(無缺性), 신뢰성 및 이용가능성이 보장될 수 있도록 관리하여야 한다"가 된다. 중간에 있는 "기록물의 생산부터 활용까지의 모든 과정에 걸쳐"는 뺀다고 하더라도 내용의 이해를 방해하지 않는다. 따라서 주어 + 술어의 구조로 다시 바꾸면 "공공기관 및 기록물관리기관의 장은 진본성(眞本性), 무결성(無缺性), 신뢰성 및 이용가능성이 보장될 수 있도록 관리하여야 한다"로 읽을 수 있다.

여기에서 핵심적인 키워드는 행위자가 무엇을 해야 하는가에 초점을 맞추어서 읽어보는 것이다.

① 공공기관 및 기록물관리기관의 장은 진본성(眞本性)이 보장될 수 있도록 관리하여야 한다.
② 공공기관 및 기록물관리기관의 장은 무결성(無缺性)이 보장될 수 있도록 관리하여야 한다.
③ 공공기관 및 기록물관리기관의 장은 신뢰성이 보장될 수 있도록 관리하여야 한다.
④ 공공기관 및 기록물관리기관의 장은 이용가능성이 보장될 수 있도록 관리하여야 한다.

굳이 '문장을 나누어서 살펴볼 이유가 있을까?' 하고 생각할 수 있다. "진본성(眞本性), 무결성(無缺性), 신뢰성 및 이용가능성"은 ISO-15489로부터 파생하여 공공기록물법의 핵심적인 기록물관리의 원칙에 포함된 키워드들이다. 이들 키워드들이 "보장될 수 있도록 관리하여야 한다"는 것이 이 문장의 핵심이다.

따라서 위의 네 가지 키워드가 어떻게 적용되어야 기록물관리의 원칙으로서 공공기록물법의 기반이 되는지를 이해할 수 있다고 생각한다. 이 키워드를 단순히 제1장 총칙에서 말하는 일반적인 '선언' 정도로 생각한다면 깊이 고민할 필요는 없다. 각 키워드에 대해서는 이미 여러 개설서 및 표준을 다루는 책들에서 소개되어 있으므로 따로 정리할 필요는 없다고 생각한다. 여기에서는 '읽기'에 초점을 맞추어서 네 가지 키워드를 살펴보도록 하겠다.

첫 번째, 공공기관의 기록물관리가 제대로 이루어지기 위해서 제일 먼저 요구되는 것은 '진본성'이다. 진본성이 어디로부터 출발해야 하는가? 왜 공공기관은 진본성을 기록물관리의 원칙의 첫 번째 요인으로 살펴봐야 하는가? 공공기관에서 진본성이 보장될 수 있도록 관리하는 것은 어떤 것을 말하는 것인가? 공공기록물법의 여러 조항들은 이러한 진본성이 지켜질 수 있도록 어떻게 연계되어 있는가?

행위로서 이해한다면, 진본성은 '만들어질 때, 본래 그대로의 모습을 갖도록 한다'는 것으로 볼 수 있다. 따라서 동사적으로 읽을 때, 기록물이 전자나 비전자를 막론하고 최초에 생산될 때의 모습을 유지하고, 그 형태와 정보를 재현할 수 있어야 한다는 것을 말한다. 진본성의 측면에서 기록물관리는 그것이 가능하도록 해야 한다.

두 번째로 살펴볼 부분은 '무결성'이다. 단어적으로 무결하다는 것은 '흠이 없음'을 말한다. 그런데 기록관리에서는 '흠이 없는 상태'라고 읽는 것이 좀 더 이해하기 쉽다고 본다. 그렇게 이해하고 읽으면 생산된 기록이 관리되는 과정의 어느 지점에 있더라도 '흠이 없는 상태'를 유지하도록 해야 한다는 것으로 기록물관리의 두 번째 원칙을 볼 수 있다. 그렇기 때문에 기록물 관리 과정에서 기록물의 내용이나 관리 정보에 변동성이 생기는지를 잘 추적하여 관리하는 것이 요구되는 것이다.

세 번째는 '신뢰성'의 보장에 대해 살펴볼 필요가 있다. '진본성'과 '신뢰성'의 차이는 무엇일까?

모든 진본 기록은 '신뢰할 수 있는' 기록인가? 마지막까지 남아 있는 기록은 현재의 관점에서 '진본'으로 추정해야 할 것이다. 그렇지만 기록이 만들어질 시점의 정황을 우리가 이해하지 못한다면, 처음부터 의도가 개입되어 사실과는 다른 정보를 담은 기록이 만들어질 수도 있다. 그런 경우 우리는 그 기록에 대한 '기록비평'을 하지 않으면 정확한 사실을 이해할 수 없게 된다.

일예로 일제강점기 재판기록을 보다보면 '폭도', '폭력', '강도' 등의 죄명이 적힌 많은 수형인의 명단을 볼 수 있다. 그런데 이들 중 상당수는 현재 독립유공자로 본인 또는 그 유족이 국가로부터 지원을 받고 있다. 만약 '신뢰성'이라는 관점에서 기록을 보지 못하고 '진본성'만을 염두에 둔다면, 분명히 일제강점기에 만들어진 재판기록은 '진본'이지만, 실제 사실과는 다른 역사적 배경을 담고 있는 것은 묻히고 말 것이다. 일본 제국주의자들이 그랬듯이, 또 일부 일본의 자유주의사관을 수용한 국내 학자들이 주장하듯이 독립운동을 했던 분들이 '잡범'이나 '폭력범'으로 받아들여질 수밖에 없다. 따라서 '신뢰할 수 있는' 기록이라는 것은 이러한 사회적이고 역사적, 문화적인 검증을 통해서 해당 기록을 신뢰한다는 확신이 있어야 한다. 그렇게 기록관리가 이루어지도록 하여야 한다는 것이다.

네 번째는 '이용가능성'의 문제이다. 관점에 따라 차이가 있을 수 있겠으나, 모든 기록은 이용을 전제로 해서 만들어진다. 박물관에 전시된 유물조차도 이용이 되는 것인데, 기록은 만드는 당사자가 되었건, 유통과정의 중간에 있는 사람이건, 일정한 시간이 지난 후에 해당 기록정보를 활용하고자 하는 사람이건, 누군가의 이용을 전제로 해서 만들어진다. 따라서 기록관리에서 '이용가능성'이란 현재와 미래의 이용자들이 가장 편안한 방법으로 기록을 이용할 수 있도록 하라는 명령이라고 이해해야 한다. 이 부분이 '정보공개'와 '기록의 열람'이 갈리는 부분이라고 할 수 있다.

'정보공개'는 정보의 유무와 공개의 범위를 놓고 판단을 한다면, '기록의 열람'은 정보공개의 범위를 포함하여, 해당 기록과 관련된 맥락정보와 관리이력 및 그밖에 해당 기록을 통해서 획득할 수 있는 부가적인 정보에 대한 안내까지를 포함할 수 있어야 한다. 물론 현재 우리의 열람은 '정보공개'와 별반 다르지 않은 수준에서 이루어지고 있지만, 보다 확장된 이용을 염두에 두어야 한다.

### ◼ 동사중심으로 읽기 3

제1장 총칙을 제외하고 공공기록물법에서 원칙을 말하고 있는 부분이 두 곳이 있다.

기록물 생산의 원칙(제16조)과 비밀 기록물 관리의 원칙(제32조)이다.

여기에서는 제16조의 '기록물 생산의 원칙' 중 제1항의 내용을 중심으로 법령 읽기를 해보도록 하겠다.

제16조(기록물 생산의 원칙) 제1항
- 공공기관은 효율적이고 책임 있는 업무수행을 위하여 업무의 입안단계부터 종결단계까지 업무수행의 모든 과정 및 결과가 기록물로 생산·관리될 수 있도록 업무과정에 기반한 기록물관리를 위하여 필요한 조치를 마련하여야 한다.

이 문장의 주어는 "공공기관"이고, 술어는 "기록물관리를 위하여 필요한 조치를 마련하여야 한다"가 된다. 술어를 조금 더 확장한다면 "업무과정에 기반한"을 앞부분에 더할 수 있다. 그러면 "공공기관은 (업무과정에 기반한) 기록물관리를 위하여 필요한 조치를 마련하여야 한다"라는 문장이 된다.

여기에서는 문장을 몇 가지로 끊어서 읽어야 한다.

① 효율적이고 책임 있는 업무수행을 위하여
② 업무의 입안단계부터 종결단계까지
③ 업무수행의 모든 과정 및 결과가 기록물로 생산·관리될 수 있도록

공공기관이 기록물관리를 위하여 필요한 조치를 취해야 하는 이유가 중간에 설명되어 있다. 이를 각각 문장으로 변환하면 다음과 같이 된다.

① 공공기관은 '효율적이고 책임 있는 업무수행을 위하여' 기록물관리를 위하여 필요한 조치를 마련하여야 한다.
② 공공기관은 '업무의 입안단계부터 종결단계까지' 기록물관리를 위하여 필요한 조치를 마련하여야 한다.
③ 공공기관은 '업무수행의 모든 과정 및 결과가 기록물로 생산·관리될 수 있도록' 기록물관리를 위하여 필요한 조치를 마련하여야 한다.

공공기관이 기록물 생산의 원칙을 지키기 위해서는 위에서 나눈 것처럼 세 가지 역할을 수행해야 한다.

첫 번째 공공기관이 기록물 생산의 원칙을 지키기 위한 이유는 '효율적이고 책임 있는 업무수행을 위하여' 때문이다. 생산의 원칙은 공공기관의 업무는 기록의 생산과 함께 이루어진다는 것을 전제로 한다. 기록이 없이 공공기관의 업무는 존재하지 않는다. 물론 구두로 이루어지는 업무도 있으나, 사후적이라도 기록을 남겨야 한다. 왜냐하면 공공기관의 업무의 대상은 최종적으로 국민이기 때문이다. 기록관리의 여러 가지 이유를 찾을 수 있겠으나 결국 기록관리를 통해 국정운영이 투명하게 유지되어 국민의 삶이 더 진전되도록 하는 것이 가장 큰 이유가 될 수 있다. 이를 위해서 가장 효율적으로 업무가 이루어지도록 해야 하는데, 단순히 업무처리의 '빠름'이나 '효율성'만을 말하는 것이 아니다. '책임 있는 업무수행'을 보장한다는 전제하에서 효율적이어야 한다. 이를 위해 기록의 생산 및 관리 프로세스가 설계되어야 하고, 기록생산시스템 및 기록관리시스템은 이를 전자적으로 구현할 수 있어야 한다.

두 번째 기록물 생산의 원칙을 지키기 위해서 기록물관리를 위하여 필요한 조치를 취해야 하는 범위는 '업무의 입안단계부터 종결단계까지'라는 점을 유의해서 봐야 한다. 입안부터 종결까지는 처음부터 마지막까지다. 어떤 일이건 시작이 있다. 그 시작부터 마지막까지 전 과정이 기록관리의 과정이 되는데 어느 하나 빠짐없이 기록이 유지, 관리될 수 있도록 해야 한다. 생산의 원칙이 단순히 기록물 생산만을 말하는 것이 아님을 여기에서 알 수 있다.

세 번째 앞의 두 가지 원칙을 지키면 자연스럽게 '업무수행의 모든 과정 및 결과가 기록물로 생산·관리될 수 있도록' 하는 부분이 이루어질 수 있을 것이다. 구슬이 하나씩 떨어져 있는 것이 연결될 수 있도록 꿰는 작업이 생산의 원칙을 지키는 것이다. 기록물은 공공기관의 업무수행의 결과물로서 주어진 책임과 역할을 성실하게 수행하였는지를 증명해주는 결과물이다. 따라서 결과물인 기록을 통해서 업무수행의 과정이 확인되고 이를 통해서 책임 있는 업무수행을 이끌어냄으로써, 업무의 효율성을 보장하는 수단을 확보할 수 있게 된다. 업무수행의 과정 및 결과가 기록물로 관리될 수 있도록 공공기관이 취해야 하는 조치가 무엇인지 업무에 반영하고, 그 이행 여부를 확인하여 업무의 결과물이 기록으로 생산되지 않고 누락되는 일이 없도록 하여야 한다.

## ◘ 동사중심으로 읽기 4

제1장 총칙을 제외하고 기록물관리의 원칙을 말하고 있는 두 번째 부분이 제32조의 비밀 기록물 관리의 원칙이다.

제32조의 '비밀 기록물 관리의 원칙'의 내용을 대상으로 동사중심으로 읽기를 하면 다음과 같이 읽을 수 있다.

제32조(비밀 기록물 관리의 원칙)
- 기록물관리기관의 장은 대통령령으로 정하는 바에 따라 비밀 기록물 관리에 필요한 별도의 전용서고 등 비밀 기록물 관리체계를 갖추고 전담 관리요원을 지정하여야 하며, 비밀 기록물 취급과정에서 비밀이 누설되지 아니하도록 보안대책을 수립·시행하여야 한다.

제32조에서 주어는 "기록물관리기관의 장"이 된다. 그런데 술어는

"① 비밀 기록물 관리체계를 갖추고, ② 전담 관리요원을 지정하여야 하며, ③ 보안대책을 수립·시행하여야 한다"의 세 가지가 된다.

이에 맞춰서 문장을 재구성해보면 다음과 같다.

---

① 기록물관리기관의 장은 비밀 기록물 관리체계를 갖추어야 한다.
② 기록물관리기관의 장은 전담 관리요원을 지정하여야 한다.
③ 기록물관리기관의 장은 보안대책을 수립·시행하여야 한다.

---

여기에서 ①과 ②는 비밀 기록물 관리에 필요한 인프라와 연결되는 내용이다. ①은 비밀 기록물 관리를 위한 별도의 전용서고 등 인프라를 구축하라는 것이다. 비밀 기록물의 특성상 보안의 필요성이 요구되므로, 보안기준에 적합한 요건을 갖춘 시설 또는 장비를 갖춰야 한다는 말이다.

②는 그렇게 갖춰진 시설 또는 장비를 관리할 수 있는 '전담' 인력을 배치하라는 말이다. 보안만을 목적으로 하는 단순한 관리의 경우에는 굳이 기록물관리전문요원이 아니어도 되지 않을까 하는 생각을 한다. 실제로 '비밀'인 기록물은 해당 기록물의 내용에 접근하는 것 자체가 극히 제한되기 때문에 기관의 기록전문가가 직접 관리하는 방안과 관리자를 지정하여 간접적으로 관리하는 방안 등 여러 가지 측면에서 효과적인 방법을 고려할 필요가 있다. 기록관이 현재와 같이 기록전문가 1인에게 업무가 집중되는 구조에서 현황파악 이외에 실제 비밀 기록물의 내용에 대한 접근이 제한되는 상황에서 업무까지 안고가는 것은 불가피한 측면이 있다고 하더라도 생각해 볼 여지가 있다. 더구나 각급 기관의 보안담당자들이 비밀 기록물 관리를 위한 책임을 지고, 기록관리 차원에서 관련 현황을 취합하는 방법으로도 관리가 가능하지

않을까 생각한다.

그렇게 해서 ③은 공공기관에서 생산된 비밀 기록물의 관리를 위한 보안대책을 만들어서 운영하라는 말이 된다.

공공기록물법에 들어 있는 내용이라고 모두 기록전문가가 수행해야 하는 역할은 아니다. 적절히 업무를 위임하고 위탁하는 방식을 통해서 보다 근원적인 기록관리 업무에 집중할 수 있도록 하는 방안을 고민할 필요가 있다고 "비밀 기록물 관리의 원칙"을 보면서 생각해본다. 공공기관 내의 모든 기록생산자와 관리자들이 기록관리의 필요성을 인식하고, 그 중요성에 따라 자기의 자리(직위)에서 해야 할 역할을 수행할 수 있도록 하는 것이 필요하다.


## 6. 시각화해서 읽기 1

지금은 행정정보데이터 세트 안으로 대부분 들어가서 일상 업무에서 대장이나 카드를 사용하는 일이 줄어들었다. 문서를 작성할 때 일정한 규격에 맞춰서 서식을 만들어서 사용하던 것도 과거에 비해서 많이 간소화되었다.

과거에 문서서식이나 대장과 카드를 사용한 것은 업무 성격상의 이유이기도 했지만, 시각화의 전형적인 모습이라고 할 수 있다. 공식적인 문서의 신뢰성을 담보하는 수단의 하나가 정부가 정한 공식적인 서식을 사용하고 있는지 여부도 신뢰있는 기록인지 여부를 판단하는 중요한 근거가 되었다. 그러다 보니 전자기록으로 바뀌고 난 이후에 전자기록 이관을 했는데 문서서식이 깨어져서 고생을 하게 했던 문제가 발생하기도 하였다. 시스템 안에 분산되어 들어가 있는 정보를 종합하여 인터페이스에서 동일한 모습의 기록으로 재구성하여 보여주는 것에서 문제가 있었던 것이다.

지금 텍스트를 작성할 때 사용하고 있는 문자도 최초에는 사물이나 대상을 형상화한 것으로부터 출발한 것이라고 우리는 배웠다. 대상을 객관화시키는 수단으로 우리는 시각화를 한다. 복잡한 현상을 단순화시켜서 표현하기 위해 표현수단이 간소화되면서 문자가 발명되었다. 특별히 한자와 같이 글자 하나하나가 대상에 일대일로 대응하는 문자가 아니라면 표음문자 계통의 언어는 추상성이 대단히 높은 알파벳으로 구성된다. 한글은 자음과 모음이 결합하면서 의미를 상징화한 언어로 표현된다. 시각화된 언어는 공통적인 인식하에서 의미를 주고받는 수단으로 일상에서 활용된다.

공공기록법의 내용을 이해하는 여러 방법 중에 시각적으로 표현할 때 의미의 전달이 보다 명확하게 이루어지는 경우가 많이 있다. '백문이 불여일견'이라는 말이 여기에 해당한다. 법령의 내용을 복잡하게 설명하는 것보다 한 장의 시각화된 이미지가 업무의 흐름과 각 단계별로 이행해야 할 사항을 손쉽게 파악할 수 있도록 도울 수 있다. 법령을 읽다가 막힐 때면 시각화해보는 것도 좋은 방법의 하나라고 생각한다.

### ◼ 시각화해서 읽기 2

사람의 의사표현은 크게 언어적 표현과 비언어적 표현으로 구분해서 이루어진다. 언어적 표현은 다시 말과 글로 나누어지며, 비언어적 표현은 시청각으로 구성된다. '말'은 비언어적 요소와 언어적 요소를 모두 포함하는데, 음성신호라는 청각적인 측면에서는 언어적 표현이 되지만, 음성신호 이외의 소리로 청각적으로 표현되는 것들은 비언어적 표현이 된다. 당연히 사진, 그림 등과 같은 이미지들은 비언어적으로 이루어지는 표현이다.

메라비언의 법칙에 따르면 언어적 요소는 7%이고, 청각적 요소 38%, 시각적 요소가 55%를 차지한다고 한다. 법령은 언어적 표현 중 '글'로 이루어진다. 일부 청각적 요소를 포함한다고 하더라도 법령을 이해하는데 언어적인 요소가 차지하는 비중은 높지 않다고 해석할 수 있다. 물론 글을 읽으면서 전후맥락을 머릿속으로 그려보면서 시각화하는 방법도 있겠으나 대개는 법령에 쓰여 있는 그대로 읽는다.

법령 자체가 구체적인 행위를 드러내는 경우도 있으나 일상 언어보다는 포괄적으로 표현하거나 추상화가 상대적으로 높다. 그러한 이유로 법령을 읽으면 낯설고 어렵게 여겨지기도 한다. 법령의 내용을 시각화할 수 있는 부분들은 시각화를 함으로써 언어적 표현이 갖는 한계를 줄이고 법령의 이해를 높일 수 있을 것이다.

기록관리의 핵심이 되는 '기록'이라는 단어를 갖고 시각화하면 어떻게 될까? 과거의 기록이 텍스트 중심의 문서기록이었다면 현재는 기록의 유형이 다양화되고 있고, 생산방식도 다양하게 변화되고 있다. 따라서 과거와 같은 획일적인 방식으로 기록과 비기록을 구분하는 것이 용이하지 않게 되었다.

'공공기관'에서 '공식적'으로 '업무를 수행하는 과정'에서, 직제에 따른 검토를 거치고 최종적으로 결재권자에 의해서 '결재'가 이루어짐으로써 기록이 만들어졌다. 이렇게 만들어진 기록은 '등록'이라는 과정을 거침으로써 '공식성'을 갖게 되었다. 이런 전형적인 기록에 대한 정의를 다시 생각해볼 때가 되지 않았는가 생각해본다.

기록이란 무엇인가에 대한 근본적인 질문으로 돌아가보자. 기록은 사람의 생각과 말, 그리고 행동을 다른 사람이 이해할 수 있는 문자나 음성, 그리고 이미지 형태로 표현한 것이라고 말할 수 있다. 여기에 데이터도 포함될 수 있을 것이다. 이를 그림으로 표현하면 아래와 같다.

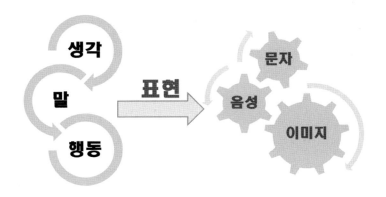

    사람의 생각이나, 말과 행동은 추상적인 것이다. 그리고 휘발성이 높은 것들이다. 당사자와 그 앞에 있는 사람에게는 분명한 것일지라도, 그 순간 그 장소를 벗어나면 잊혀지고 기억의 간섭현상이 발생한다. 이것을 문자, 음성, 이미지 형태로 바꾸어 줌으로써 지속성을 갖고 재현할 수 있도록 만든 것이 기록이다.

    결국 기록은 얼마나 오랫동안 그 정보를 보존하고, 이용할 수 있도록 하는가가 중요하며, 이를 위해서 가치를 측정하는 수단을 마련하는 것이 필요하게 된다. 모든 기억이 사람의 생명과 함께 소멸되듯이 기록도 일정한 생애를 갖는다. 그 생애의 기간 동안 영속성을 갖는 기록이 무엇인지 판단하고 관리를 위한 방법과 실제적인 이용에 봉사할 수 있도록 만드는 것이 복합적으로 고려되어야 한다.

## ◉ 시각화해서 읽기 : 기록관리 1

앞서 '기록'에 대해서 시각적인 방법으로 살펴보았다. 기록은 사람의 '생각, 말, 행동' 등을 '문자, 음성, 이미지' 등의 형태로 표현한 것이라고 정리하였다. 이렇게 정리된 기록은 생산자의 필요와 생산방법에 따라 다양한 유형으로 만들어지고 그에 따른 관리방법도 필요하게 된다. '기록의 유형별 생산'부터 어떻게 관리할 것인지를 정하는 것이 기록관리라고 할 수 있다.

법 제3조(정의)에서는 제3호에 따르면

> "기록물관리"란 기록물의 생산·분류·정리·이관(移管)·수집·평가·폐기·보존·공개·활용 및 이에 부수되는 모든 업무를 말한다.

라고 정의하고 있음을 볼 수 있다.

법에서 정의한 내용을 시각화해서 보면 아래 그림과 같이 표현할 수 있다.

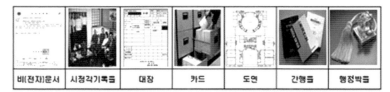

| 비(전자)문서 | 시청각기록물 | 대장 | 카드 | 도면 | 간행물 | 행정박물 |

대상

## 어떻게 관리할 것인가?
## 방법

텍스트 형태의 기록뿐만이 아니라 시청각기록물이나 대장 및 카드 (지금은 데이터세트의 형태로 많이 생산되는 기록물 유형), 도면, 간행물 등 비정형의 기록과 형상기록물인 행정박물 등 모든 형태의 기록정보자료를 대상으로, '어떻게 관리할 것인가?' 관리방법을 정하고 그 절차에 따라 관리하는 것이라고 기록관리를 표현할 수 있다.

기록은 고정된 사물일 수도 있으나, 계속해서 변화하는 흐르는 물과 같을 수도 있다. 기록을 어떤 관점에서 보느냐에 따라서, '기록물의 생산·분류·정리·이관(移管)·수집·평가·폐기·보존·공개·활용 및 이에 부수되는 모든 업무'가 하나하나 분리되고 나누어진 업무가 될 수도 있고, 연속적으로 이어지면서 서로 영향을 주고받는 업무가 될 수도 있다.

기록관리 업무가 단속적으로 이루어진다고 보는 것을 전통적인 관점이라고 한다면, 끊어지지 않고 연속적으로 이루어지는 것을 연속체론적인 관점이라고 할 수 있다. 어떤 입장에서 법령을 읽느냐에 따라 법령 전체에 대한 이해와 적용방식에서 약간씩의 차이가 있을 수 있다. 또 해석과 적용의 차이는 결과에서도 차이를 가져올 수 있다.

'기록'에 대한 정확한 정의와 이해를 기초로, 대상이 되는 기록을 관리하는 방법에 대해서도 명확하게 정의하고 자기의 기준을 수립하는 것이 필요하다.

### ◉ 시각화해서 읽기 : 기록관리 2

기록관리가 말 그대로 대상이 되는 '기록'을 '관리'하는 방법에 대한 것이라면, 기록관리의 결과는 항상 예측이 가능할 것으로 기대하게 된다. 관리를 했음에도 불구하고 예측대로 이루어지지 않는다면 '관리'에 문제가 있거나, '방법'을 잘못 선택한 것으로 생각할 수 있다.

그러나 이 부분에서 생각해야 할 것은 모든 기록은 공통적인 속성과 아울러 개별적인 특성도 갖고 있다는 점이다. 기록이 갖는 공통적인 특성을 '보편성'이라고 부르고, 개별적인 특성을 '특수성'이라고 부를 수 있다.

기록의 보편성은 개별 기록의 차이는 있지만 개별적 특성들을 갖는 개체들이 공유하고 있는 특성이라고 할 수 있다. 기록은 맥락을 통해서 논리적이고 검증되어야 하며, 생산과정의 절차적 투명성으로 객관적이라고 인정받을 수 있어야 한다. 기록이 갖는 공통적 특성이 설명되지 않으면 공공기록의 경우 신뢰성 등에서 어려움을 겪을 수 있다. 그렇기 때문에 보편성은 구심력으로 작용한다. 신뢰할 수 있게 관리된다고 이해되는 기록은 점점 더 신뢰할 수 있게 된다.

반면에 모든 기록은 내용적으로 고유한 독특성을 가질 수 있다. 내용적으로건, 형식적으로건 개별 기록이 갖는 고유한 특성이 있을 수 있는데, 이것은 주관적이고 상대적인 형태로 나타난다. 고유한 특성은 그 기록만의 고유함을 드러내는 것이기 때문에 해당 기록을 생산하고 유통하는 특정한 범위에 한정된 영향의 범위를 갖는 경우가 많이 있다. 또한 해당 기록에 적용되는 기준과 이해의 방법이 모든 기록에 보편적으로 적용할 수 없기 때문에 상대적인 특성을 가지게 된다. 이러한 특성이 하나의 사례(case)가 되어 독특함을 만들어낸다. 따라서 특수성이 강한 기록일수록 보편적 기록관리의 적용을 받지 않게 되는 원심력이 작동하는 모습을 나타내게 된다.

이 부분에서 유의해야 할 것은 그것이 차이일 뿐, 틀린 것이 아니라는 관점에서 접근해야 한다는 것이다. 우리가 모든 차이를 다름이나 틀림으로 이해하는 순간, 기록관리는 폐쇄적으로 되고 확장성을 상실하게 된다. 따라서 보편적 기록관리는 특수성을 배제하는 것이 아니라 일반적으로 적용될 수 있는 기록관리의 방법론을 갖고 특수한 상황을 이해하고 포괄할 수 있도록 하는 것이 필요하다.

이를 시각화해서 보면 다음 그림과 같이 나타난다.

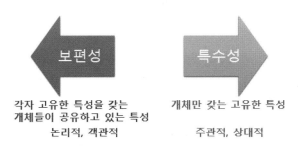

각자 고유한 특성을 갖는
개체들이 공유하고 있는 특성
논리적, 객관적

개체만 갖는 고유한 특성
주관적, 상대적

기록관리에서 보편성과 특수성은 서로 충돌되는 것이 아니다. 서로의 다름을 이해하는 관점에서 접근해야 하는 것을 가리켜 준다. 예를 들어 "공공기록"이라는 큰 범주로 묶어진 기록이 모두 동일한 특성을 갖지는 않는다. 기록을 생산 기관의 성격에 따라, 업무의 내용과 처리 절차 등에 따라 기록은 다르게 생산될 수 있다. 그럼에도 이런 기록들을 묶어 "공공기록"이라고 부르는 보편적 특성이 있다고 우리는 보는 것이다. 그것은 절차적 일관성, 형식적 통일성 등을 기반으로 해서 보편성이 생긴다고 보는 것이다. 반면에 그러한 보편성 안에 있는 개별 기록(개별 기록을 포함한 일정한 업무범위) 단위에서는 관련 기록만이 갖는 특별한 속성이 있을 수 있다. 이를 인정하고, 보편성과 특수성의 관계를 바라보는 것이 필요하다.

### ◼ 시각화해서 읽기 : 공무원 등의 의무

법 제4조 제1항에서는 공무원의 의무에 대한 규정이 나온다.

> 모든 공무원과 공공기관의 임직원은 이 법에서 정하는 바에 따라 기록물을 보호·관리할 의무를 갖는다.

　종전에는 공무원에게만 부여되어 있던 의무가 공공기관의 임직원에게까지 범위가 확장되었다. 즉, 공무원뿐만 아니라 준공무원에게도 공무원에 준하는 기록관리 의무가 부여된 것이라고 하겠다.

　의무는 지켜야 하는 규범이다. 단순한 사회적 규범은 관습의 형태로 나타나고, 이 경우에는 규범을 지키지 않았을 때 비난은 받겠지만 처벌은 따르지 않는 경우가 많다. 그러나 법적으로 정해진 의무는 이행의 강제성이 높고, 이를 지키지 않았을 때 규범 위반에 따른 처벌이 부수적으로 따라오기도 한다. 공공기록물법에서도 몇 가지 사항에 대해서 의무를 준수하지 않는 경우에 따른 벌칙이 부여되도록 하고 있다.

　법에서 말한 의무는 "~해야 한다"라고 말한 부분에 해당하는데, 적어도 "기록물을 보호·관리할 의무"라고 명시하고 있다. 공직자가 기

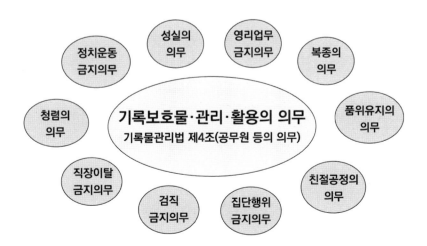

록물을 보호하고 관리하는 의무는 일반적으로 공직자에게 부여되는 의무를 준수함으로써 지켜질 수 있다.

공직자가 지켜야 하는 여러 가지 의무는 「국가공무원법」이나 지자체 공무원들의 경우 「지방공무원법」 등에 규정되어 있다. 이들 의무들 중에 기록물관리와 관련한 의무사항이 포함되어 있지 않기 때문에 공공기록물법에 기록물을 보호·관리할 의무를 포함한 것이다.

이 조항을 통해서 공공기록물법이 기록관리의 일반법이라는 특성을 유추할 수 있다. 기록관리가 다른 일반법령의 하위에 속하는 사항이라면 위에서 언급한 법령들에 포함된 의무로 충분하기 때문에 별도로 언급할 필요가 없어진다. 그러나 기록관리에 대한 일반적인 사항을 전체적으로 규범화한 것이 공공기록물법이므로 이 법에서 다시 공무원 등에게 기록물관리에 대한 의무를 부여할 수 있는 것이다.

### 🔘 시각화해서 읽기 : 기록물관리의 원칙

법 제5조의 기록물관리 원칙을 설명하기 위해서 교육을 할 때 사용하던 그림이 있다.

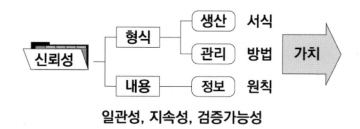

기록물관리 원칙은 "공공기관 및 기록물관리기관의 장은 기록물의

생산부터 활용까지의 모든 과정에 걸쳐 진본성(眞本性), 무결성(無缺性), 신뢰성 및 이용가능성이 보장될 수 있도록 관리하여야 한다"라고 되어 있다.

　이 원칙은 정부의 활동이 "신뢰성에 기반"한다는 믿음을 전제로 한다. 국민이 정부의 활동을 신뢰할 수 있는 것은 활동의 형식과 내용에 대해 동의하기 때문이다. 기록관리의 관점에서 형식은 '생산과 관리'로, 내용은 '정보'로써 표현된다. '생산'은 업무를 할 때 지켜야 할 서식과 같은 형태로 나타난다. '관리'는 업무처리에 대한 방법으로 나타난다. '정보'는 지켜야 할 원칙과 그 결과물로서 나타난다.

　이 모든 활동이 정해진 절차에 따라서 준수될 때 정부활동의 신뢰성이 확보될 수 있는 것이다. 이러한 신뢰성에 기반하여 정책의 일관성, 지속성, 검증가능성이 유지된다.

　기록물관리의 원칙에서 말하는 진본성, 무결성, 신뢰성 및 이용가능성의 다른 표현이라고 할 수 있다.

### ◉ 시각화해서 읽기 : 기록물 분류

　분류는 어떤 대상을 일반적으로 성격이나 유사성에 따라 유형별로 나누거나 배열하는 것을 말한다. 기록물을 체계적으로 관리하기 위해서 분류를 한다. 그러나 우리의 일상에서는 항상 기록만 있는 것이 아니다. 하나의 기록이 만들어지기 위해서 선행해서 자료조사, 수집, 분석 등의 활동이 이루어진다. 이 과정에서 다양한 정보가 만들어지고, 도큐먼트가 수집되기도 한다. 이때의 정보나 도큐먼트를 바로 기록이라고 말하기는 어렵다. 논리적 분류를 단순화해서 설명하자면 아래 그림과 같다. 우리가 일상의 삶에서 만들어 내거나 수집하고 있는 다양한 기록관련 정보들 중 일부가 기록으로 분류된다.

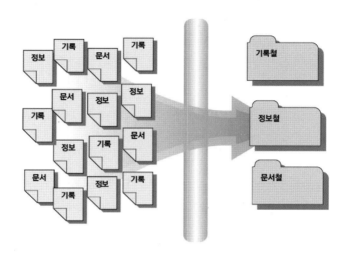

　기록을 분류하는 용도는 기록의 생산, 등록과 같이 생산단계에서
만이 아니라 기록물을 이관할 때, 또 최종적인 처분을 위한 평가를 할
때 등 다양한 분야에서 사용된다. 공공기록물법 체제하에서는 기록관
리기준표의 단위과제가 분류기준의 단위가 된다. 단위과제는 조직이
수행하는 기능을 각 부서의 업무로 나누어서 관련 기능별로 업무활동
의 결과물이 등록될 때, 기록이 생산된 것으로 본다. 이때 기록물의
보존가치가 승계되어 보존기간이 자동으로 부여되고, 정해진 절차에
따라 기록물의 이관이 이루어진다. 이관된 기록물은 보존기간이 경과
하면 기록물처분절차에 따라 기록물관리 전문요원의 사전심사, 기록
물평가심의회 심의 등을 거쳐서 내려진 결정에 따라 처분이 이루어진
다.

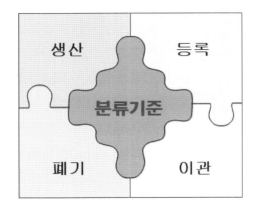

앞의 그림과 같은 의미이지만 시각적으로는 다음과 같이 달리 표현할 수 있다.

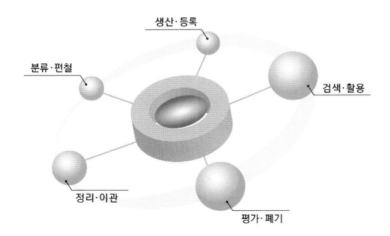

두 번째 그림이 분류의 네 가지 핵심적인 적용단위에 초점을 맞추어서 시각화한 것이라면, 세 번째 그림은 기록의 생산부터 최종 폐기

에 이르는 과정이 순환적으로 이루어지는 연속적 활동이라는 관점에서 시각화한 것이라고 할 수 있다. 세 번째 관점에서 분류를 바라본다면 분류는 기록관리의 처음이자 마지막이라는 의미를 갖는다.

## ◘ 시각화해서 읽기 : 기록정보의 활용

기록물관리기관이 보유하고 있는 기록정보는 '공개'의 대상인가, '열람'의 대상인가? 이용이라는 측면에서 공개와 열람의 차이가 없다고 생각하는 입장에서는 중요하지 않을 수 있으나, 그 차이가 있다고 보는 입장에서는 근본적으로 구분이 필요하다고 할 수 있다.

현행 법령을 기준으로 놓고 보면 '공개'는 「정보공개법」에 따라 기록물이 생산될 때 부여된 공개 여부 판단을 기반으로 공개가 이루어진다. 기본적으로 정보공개는 기록물생산기관에서 현행 업무를 기반으로 해서 이루어진다. 물론 일정 기간이 경과한 기록물에 대해서도 정보공개청구가 이루어지고 있으나 이는 기본적으로 생산부서나 생산기관에 기록물이 존재하고 있음을 전제로 하는 것이다.

'열람'은 「공공기록물법」에 따라 기록물이 기록물관리기관으로 이관된 이후에 이루어지는 활동이다. 그런데 현재 공공기록물법에서는 '열람'과 '공개'가 혼용되어 사용되어 개념에 익숙하지 않은 정보이용자들에게는 동일한 것으로 이해되는 문제가 있다. '열람'은 기록정보에 대한 접근을 통해서 기록생산기관에서의 공개 여부 판단과는 구분되는 기록물관리기관에서의 고유한 활동이다. 기록물관리기관은 보유하고 있는 기록정보의 열람을 위해 '공개 여부 재분류' 등의 작업을 한다.

생산기관에서는 업무의 추진이 목적이고, '공개'가 부수적으로 발생하는 업무라면, 기록물관리기관에서는 '재분류' 등을 통해서 '열람'의 요청이 발생했을 때 적극적으로 이용할 수 있도록 서비스하는 것이 주요한 목적이 된다. 이러한 차이가 있기 때문에 기록정보에 대한 '공개'와 '열람'은 구분되어야 한다. 그런데 현행 법령 체계상 기록물 생산기관에 '기록관'이 설치됨으로써 상당기간 기록정보가 생산기관 내에 머무르는 상황과, 보존기간 10년 이하인 다수의 기록은 해당 기록관에서 처분하게 됨에 따라 생산기관에서의 '공개'와 기록관에서의 '열람'이 혼용되어 사용되는 것을 막을 수 없는 상황이다. 또한 법 제13조 제2항에서 기록관에 '해당기관의 정보공개 청구의 접수' 기능을 부여한 것이 정보공개청구 업무의 전체 처리를 기록관에서 하도록 악용되는 사례가 있음으로써 이러한 혼용이 더욱 부추겨지는 측면이 있기도 하다. 기록관은 해당 기관의 기능을 분류체계를 통해서 종합적으로 분석하고, 이관받은 기록물에 대한 정보를 통해서 각 부서의 기록에 대한 이해를 종합적으로 할 수 있는 곳이기 때문에 '정보공개' 요청이 있을 때, 업무를 가장 잘 배분할 수 있을 것이라는 전제로 들어간 기능이 실제와는 다르게 운용되는 사례가 발생한 것이라고 할 수 있다.

  모든 기록은 최종적으로 '공개'가 되는 것이 원칙이다. '열람'은 공개 가능한 기록을 포함해서 기록정보의 이용자들에게 최대한의 서비스를 제공하기 위한 수단이라고 할 수 있다. 기록관리 단계별로 기록정보의 활용에 대한 것을 시각화해보면 다음 그림과 같다.

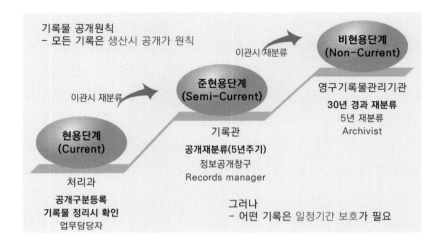

기록물관리기관에서 주기적으로 기록정보의 공개 여부를 재분류하는 것은 기록의 생산은 공공기관에서 하지만, 공공기관의 업무활동의 결과는 국가의 주인인 국민에게 돌아가야 한다는 정신에서 비롯된다. 공공기관의 활동의 결과는 일정기간 보호될 필요가 있지만, 영원히 보호되어야 할 정보는 없다. 다만, 최종적인 보호의 기간에서 차이가 있을 뿐이다.

## 🔲 시각화해서 읽기 : 처리과에서의 기록물관리

2021년 11월 국가기록원에서 나온 『공통매뉴얼―기록물관리 지침』에서 처리과의 기록물관리는 12쪽부터 118쪽까지 100쪽이 넘는 내용으로 상세하게 처리과에서의 기록물관리를 설명하고 있다. 기록관리는 "사람이 하는 것인가?" 아니면 "시스템이 하는 것인가?"라고 질문을 해보면 자연스럽게 사람이 하는 것이어야 한다는 결론에 이른다. 처리과에서의 기록물관리는 기록의 직접적 생산자인 '업무담당자'와 처리과를 총괄하며 책임지는 '처리과의 장'이 있고, 공공기록물법에 따라 처리과 기록물관리의 책임을 지는 '기록물관리책임자'를 인적 구성요소로 해서 이루어진다. 지침의 내용을 숙지하고 처리과단위의 기록관리를 철저하게 해야 하지만, 처리과의 인적구성요소가 어떤 관계에 있는지 기초적인 이해를 하고 나서 관련 지침을 살펴본다면 좀 더 이해의 폭이 넓어 질 수 있지 않을까 생각한다. 이를 시각화 해보면 다음과 같다.

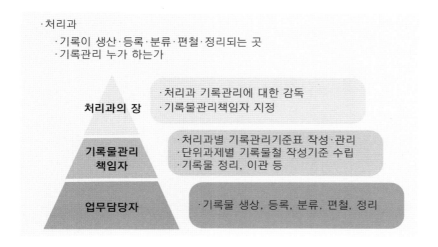

처리과는 기록물을 생산하는 최소단위조직이다. 공공기관에서 기록물이 생산되는 시발점이 된다. 따라서 처리과에서 기록물관리가 어떻게 출발하는가에 따라서 그 기관의 기록물관리가 결정난다고 할 수 있다. 각급 기관마다 기록전문가를 임용하여 기록물관리를 하도록 하지만, 한 사람이 모든 업무를 담당할 수는 없는 노릇이다. 기록전문가와 처리과의 기록물관리 책임자 상호간의 협업과 각 부서의 업무담당자의 협조가 중요하다고 하겠다.

기관의 기록관리와 처리과의 기록물 생산부터의 관리를 원활하게 하는 처리과 기록물관리책임자의 역할이 그만큼 중요하다고 하겠다. 처리과 기록물관리책임자의 역할을 시각화하면 다음과 같다.

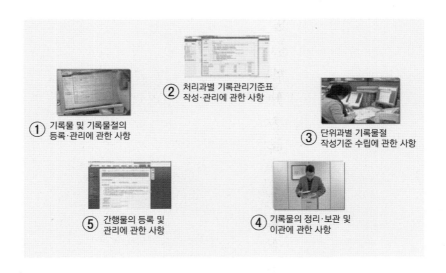

① 기록물 및 기록물철의 등록·관리에 관한 사항
② 처리과별 기록관리기준표 작성·관리에 관한 사항
③ 단위과별 기록물철 작성기준 수립에 관한 사항
④ 기록물의 정리·보관 및 이관에 관한 사항
⑤ 간행물의 등록 및 관리에 관한 사항

그러나 아직까지도 대부분의 공공기관에서 처리과 단위의 기록물 관리에 관심을 기울이지 않고 있는 것 같다. 대개 처리과 기록물책임자는 당초에 해당 부서의 업무를 잘 알거나 부서업무를 총괄적으로 이해하고 있는 주무팀장 등이 역할을 할 것으로 기대했으나, 실제로는 처리과의 서무가 기록물관리책임자의 역할을 대부분 수행한다. 형식적으로 팀장이 처리과 기록물관리책임자로 지정되어 있는 경우도 있으나, 다른 여타 업무에서 "~총괄"과 같이 직접 업무를 처리하기보다는 서무가 기록물관리 업무를 수행하고 팀장은 총괄 역할을 수행하는 경우가 많다.

공공기관의 기록전문가가 기록관으로 이관된 기록물을 정리, 등록,

재분류, 평가 등을 하지만 첫 단추가 제대로 끼워지지 않은 기록물은 그 자체로 재앙이다. 인위적으로 기록의 질서를 흩트리거나 하는 것은 금기사항이기 때문이다. 눈에 보이는 오류도 그것을 기록에 직접 하기보다는 관련 맥락정보와 기술정보를 통해서 오류사항을 확인할 수 있도록 하여야 하는데, 이것은 시간과 노력이 많이 수반된다.

또한 잠재적 기록의 이용자들에게는 이러한 정보가 노출되지 않을 확률이 높다. 그렇게 되면 실제 기록정보의 이용 시 제공되는 기록정보 서비스에 대한 신뢰도도 낮아질 수 있다. 그러므로 기록물이 업무담당자의 손을 떠나는 순간부터 업무과정에서 작성한 기록이 우리 부서의 얼굴, 기관의 얼굴이 된다는 생각으로 기록을 생산할 수 있는 환경이 만들어지는 것이 중요하다. 그렇게 될 때 최종의 소비자나 마지막 처리 단계에서 신뢰할 수 있는 기록관리가 이루어질 수 있다고 생각한다.

## 7. 반복질문하며 읽기

나로서는 정말 어떻게 해도 답이 안보일 때 사용하는 방법이다. 이 방법으로 읽기를 할 때면 하나의 문제에 지나치게 빠져들어가는 단점이 있기는 하지만, 적어도 해당 문제에 대해서는 나름대로의 인사이트를 끌어낸 적이 많았기에 지금도 가끔 사용해보는 방식이다.

막막한 상황에 빠질 때면 되묻는 버릇이 있다. 이럴 때 상념의 세계 속으로 들어간다.

① 이 문제는 왜 그렇게 진행될 수밖에 없는가?
② 다른 기관에서도 동일하게 전개될까?

③ 만약에 동일하게 전개된다면 지금 법령을 다시 보아야 하는 것은 아
닐까?

④ 또는 반대로 다르게 전개된다면 왜 동일한 법령이 서로 다른 현상을
나타내는 것일까?

모든 문제에는 원인과 결과의 인과관계가 있다고 생각한다. 그 인
과관계를 밝히기 위해서는 질문을 해보는 것이다.

예를 들면 2007년 시행된 공공기록물법에 반영된 '중간관리시설'을
고민한다고 해보자.

① 중간관리시설은 필요한가?

② 중간관리시설은 어떻게 운영되어야 하는가?

③ 중간관리시설에 들어오게 되는 기록물의 수집과 처리절차는 일상의
기록물 수집과 차이는 없는가?

 － 차이가 없다면 동일한 방식을 적용하면 된다.

 － 차이가 있다면 어떤 절차를 적용하도록 준비해야 하는가?

④ 중간관리시설에 입수된 기록물의 관리와 처분을 위해서 해야 할 일
은 무엇인가?

⑤ 중간관리시설의 관리를 위해서 기록전문가(아키비스트)는 어떤 역할을
해야 하는가?

등등과 같은 질문을 하고 생각나는 답을 적어보는 방식의 읽기다. 물
론 지나치게 집착하다보면 생각이 엉뚱한 방향으로 흘러가 합리성을
잃을 수 있다. 객관적이고 합리적인 인식을 해치지 않는 수준에서 질
문을 해보는 것이다.

내 경우에는 주어진 문제나 상황에 따라 차이가 있기는 하지만 3번
내지 5번의 범위 정도 안에서 '왜'라는 질문을 심화시켜가면서 적용해

본다. 처음부터 답이 보이지는 않지만, 문제의 원인과 그 이면에 담겨 있는 흐름을 반복해서 질문할 때 얽힌 실타래의 끝자락을 잡을 때가 있다.

## 8. 법령의 단서조항 읽기

법령의 본문을 기준으로 예외가 되는 사항을 처리하는 방식은 두 가지가 있다. 첫째는 항을 바꿔서 달리 처리하는 방법이다. 예를 들어 제1항의 내용과 다른 부분을 제2항에 배치하고, '제1항에도 불구하고'와 같은 방식으로 달리 적용해야 할 사항을 표현하는 방식이다. 둘째는 본문의 뒤에 단서조항으로 붙이는 방법이다. 예를 들어 본문이 끝난 뒤에, '다만, ~과 같이'와 같은 방식으로 본문의 내용과는 달리 적용해야 할 사항을 더하는 방식이 있다.

예외없는 법칙은 없기 때문에 법령에서도 예외가 있을 수 있다. 문제는 이 예외를 어떤 방식으로 처리할 것인가를 선택하는 것이 쉽지 않다는 점이다. 공공기록물법은 위에서 말한 항을 달리하는 방식과 본문에 단서를 붙여서 적용하는 방안을 사용하고 있다. 그러나 이것도 법칙이라고 본다면 여기에도 예외가 발생할 수 있다.

현장에서 '우리는 다르다'라는 말이 나오는 지점이 항상 있음이 이를 반증한다. 따라서 법령으로 모든 문제를 해결할 수 없다는 것부터 인정해야 한다. 또한 법령에 기대어 모든 문제의 원인을 법령에 돌리는 태도는 지양해야 한다. 법의 기능은 거울과 같다. 거울에 비쳐지는 모습은 내 모습이다. 나의 모습을 가장 잘 드러낼 수 있도록 돕는 수단이 법령이다.

왜곡된 상이 비쳐질 때, 나를 돌아보아야 한다. 단서 조항은 그러한 돌아봄의 일부를 법령의 안으로 갖고 들어온 것이다. 그러나 모든 것을 갖고 올 수는 없기 때문에 여전히 한계가 있을 수밖에 없다. 그렇다고 단서에 단서를 붙이는 방식으로는 법령을 운영할 수 없다. 대표적인 예외사항 정도만이 단서에 붙는다.

나머지는 실무적인 부분으로 풀어가거나 법령이 위임한 범위 안에서 훈령, 예규, 지침, 매뉴얼 등의 방식으로 적용가능점을 찾아보아야 한다. 법령의 본문과 단서 조항까지 읽어도 내 문제를 해결할 수 없을 때 법령의 빈약함을 비판하기보다 이 문제가 ① 처음부터 예측 못했던 문제인지, 아니면 ② 처음에는 없었으나 시간이 흐르면서 생겨난 문제인지, 본래는 문제가 아니었으나 ③ 어떤 특정 조건하에서 발생한 문제인지 등을 살펴보아야 한다.

①의 경우에는 법령을 개정하는 방식으로 해결방안을 모색할 수 있을 것이다. 모든 경우에 해당되는 것은 아니지만 기록관리를 둘러싼 환경은 변화하지 않았는데, 모든 상황에 대한 이해를 충분히 수렴하지 못한 문제일 경우 그것을 수용할 수 있도록 개선방안이 마련되어야 한다. ②의 경우에는 환경의 변화나 기술의 변화 등에 따라서 이전과는 다른 형태의 기록이 생산되거나 관리방식을 달리해야 할 필요성이 생기는 경우가 될 것이다. 이때 법령을 좀 더 세분화해서 "~조의2"와 같은 방식으로 새로운 상황을 분리시켜서 명확하게 할 것인지, 기존의 본문이나 단서조항을 수정함으로써 반영할지를 고려해야 한다. ③의 경우에는 일상적인 상황이 아닌 경우에 발생하는 문제이므로 훈령, 예규, 지침, 매뉴얼 등을 수정함으로써 실무적으로 해결방안을 찾아야 한다.

단서 조항이 본문으로 해결할 수 없는 문제를 상당부분 완화시켜주는 측면이 있으나, 법령 전반에 단서조항이 늘어나면 법령 담당자뿐만 아니라 업무에 적용해서 운영해야 하는 사람들의 입장에서도 혼란을 느낄 수밖에 없다. 그런 점에서 법령은 가능한 단순하게 표현되도록 하는 것이 좋다고 생각한다.

# 제 4 부
# 마무리

# 1.  기록관리법은?

공공기록물법은 대한민국의 기록관리와 관련된 제반 활동을 규정하는 법률적 규범이다. 법의 목적에서 "공공기관의 투명하고 책임 있는 행정 구현과 공공기록물의 안전한 보존 및 효율적 활용을 위하여 공공기록물 관리에 필요한 사항을 정함"이라고 밝히고 있다. 이를 위해서 법의 적용범위와 대상, 의무, 원칙, 절차 등으로 다양하게 구성되어 있다.

법을 바라볼 때 가장 염두에 두어야 하는 것이 무엇일까 생각해본다. 법에 적혀있는 조문 하나하나를 꼼꼼히 살펴보고 이것을 신중하게 적용하는 것일까? 법을 운영하는 것은 사람이고, 사람이 일하는 조직의 양태가 제각기 상이한 부분이 있으니 관계에 더 중점을 두어야 하는 것일까? 또 법에 따라 정해진 위치가 있어 중앙기록물관리기관, 지방기록물관리기관 등 영구기록물관리기관이나 기록관과 특수기록관과 같은 기록물관리기관마다 부여된 책임과 역할에 충실하게 하는 것이 중요하다고 해야 하는 것일까?

법을 만들거나 개정할 때는 그 당시의 행정적, 사회적 환경을 반영해서 만들어진다. 법이 사회의 흐름을 이끌어가거나, 이미 형성된 흐름을 따라가는 모습을 취하게 되는 것도 이 때문이다.

법의 형식적 분석이나 내용적 분석은 각종 사례와 덧붙여지면서 다양하게 이루어져 왔다. 법이 살아 있으려면 현장에서의 다양한 사례를 통해서 법이 실증되어야 한다. 만약 실증이 사라진 법은 외형은 지켜지고 있는 것처럼 보일지라도 내용적으로는 죽은 법이 된다. 그런 점에서 법은 상식적이어야 한다.

물론 상식(common sense)이라는 말이 갖는 광범위성으로 인해서 오해를 할 수도 있겠으나, 일단 우리사회의 구성원들이 보편적으로 법의 내용이나 적용에 대해서 마땅히 그러하다고 인정하는 정도라고 한정해서 본다면, 공공기록물법은 '상식'에 부합하는 법인가를 질문하게 된다. 법에서 사용되는 용어가 국민 일반이 이해할 수 있는 수준의 언어로 기술되어 있는가? 법에서 정한 절차는 아무런 학습을 받지 않은 사람도 법을 따라 읽으면서, 또는 법을 풀이한 지침을 따라할 때 큰 무리없이 할 수 있는 수준인가? 그렇게 이해하고 따라했을 때 얻게 될 결과물이 기록관리의 목적에서 밝히고 있는 것과 얼마나 간극을 갖는가? 등등에 대해 살펴보아야 한다.

적어도 상식에 부합하는 법이란, 국민의 눈높이에 맞아야 한다. 단순히 법령 용어를 우리말로 바꾸고 간소화한다고 해서 쉬워지는 것이 아니다. 법은 국민을 향해서 우리나라의 기록관리 제도와 각급 기관에서 생산된 기록이 안전하게 보존되고 국민의 손에서 쉽게 활용될 수 있도록 만들기 위한 최소한의 수단이 되어야 한다. 그런 점에서 상식적이어야 한다. 업무절차나 그로 인한 산출물도 좀 더 쉽게 적용하고 이해할 수 있도록 끊임없이 내적으로 개선을 해나가야 한다.

기록관리를 위한 법인 공공기록물법이 어렵다는 말을 많이 한다. 그러면서 동시에 기록관리는 누구나 할 수 있는 일이라는 인식을 갖고 있는 사람이 많다. 어찌 보면 모순적인 상황이지만, 이 말은 법을 따르지 않고 자기 맘대로 하는 기록관리를 두고 하는 말이라고 생각된다. 얕은 지식으로 모든 기록관리를 손쉽게 할 수 있다고 생각하지만, 그것을 제어하는 법령은 이해가 가지 않고 나의 이해(?)와는 다르기 때문에 법령은 어렵다고, 문제가 있다고 말하는 것이 아닐까? 그렇지만 법령을 운용해야 하는 기록전문가의 입장에서는 넓고 깊게 법령의 이해를 하기 위해 노력해야 하는 숙명이 있다. 여기에 더해서 자신이 체득한 지식을 다른 사람들에게 조금이라도 쉽게 이해할 수 있도록 전파해야 할 책임도 있다고 생각한다.

## 2. 법을 분석적으로 읽어야 하는 이유

그냥 읽어도 될 일을 왜 굳이 육하원칙이니 어쩌니 하면서 복잡하게 읽어야 하는가 생각할 수 있다. 설명의 편의를 위해서 육하원칙의 이야기를 했지만, 개인적으로는 법을 읽을 때 더 여러 가지 방식으로 분해하면서 읽는 편이다. 그렇다고 항상 모든 법령의 내용을 그렇게 읽지는 않지만 깊이 있게 이해가 필요하다고 생각할 때는 가능한 내가 아는 모든 방법을 동원해서 읽는 편이다. 그리고 그렇게 읽을 때는 스스로에게 질문을 많이 한다.

예를 들어 기록물관리의 원칙을 밝힌 제5조를 읽는다고 해보자.

| 누가 | 공공기관 및 기록물관리기관의 장 |
| 무엇을 | 기록물의 생산부터 활용까지의 모든 과정에 걸쳐 |
| 어떻게 | 진본성, 무결성, 신뢰성 및 이용가능성이 보장될 수 있도록 |

읽고 해석하는 것은 "법령 실전읽기 5 (제1장 총칙) 4"(블로그 21. 09.13.)에서 말했으므로 생략한다.

내가 읽을 때는 좀 더 복잡하게(?) 읽는다. 사실 나는 이렇게 읽는 것이 편하다. 공공기록물법의 목적인 제1조를 다음과 같이 읽는다.

> 이 법은
> 공공기관의
> 투명하고 책임있는 행정구현과
> 공공기록물의
> 안전한 보존 및 효율적 활용을 위하여
> 공공기록물 관리에 필요한 사항을 정함을
> 목적으로 한다.

법의 내용을 단순히 줄 바꿔가면서 읽는 것이 아닌가 하는 생각이 들 것이다. 맞는 말이다. 그러나 이렇게 나누었을 때, 경험적으로는 좀 더 의미가 선명하게 다가온다고 생각한다.

즉,

> 이 법은 목적은 다음과 같다.
> 첫째, 공공기관의 투명하고 책임있는 행정구현과,
> 둘째, 공공기록물의 안전한 보존 및 효율적 활용을 위하여
> 공공기록물 관리에 필요한 사항을 정하는데 있다.

좀 다른 느낌이 아닌가? 그리고 반복해서 질문해 본다.

몇 가지 예만 살펴보면 아래와 같다.

> - "이 법", 즉 공공기록물법은 어떤 성격의 법인가?
> - 이 법에서 말하는 목적을 이루기 위해서 어떠한 것이 필요한가?
> - 투명하고 책임있는 행정이란 무엇인가?
> - 행정의 투명성은 무엇이며, 기록관리는 어떠한 방법으로 행정의 투명성을 확보하고 증대시켜나갈 수 있도록 역할을 할 수 있는가?
> - 투명한 행정은 책임있는 행정의 필수조건인가, 필요충분조건인가?
> - 그것도 아니라면 투명한 행정과 책임있는 행정은 동등한 위치의 병렬적인 수사인가?

등등을 질문한다.

물론 하나의 질문이 또 다른 질문을 낳고, 그 질문에 대한 답을 찾기 위해서 법령의 다른 부분을 확인하고, 수직적으로 시행령과 시행규칙을 찾아본다. 꼬리물기 질문도 있지만, 심화되는 질문도 있다. 그런 경우는 다른 분야와 연계되는 부분이 나올 때이다. 잘 모르는 익숙하지 않은 분야로 질문이 연결되면 그 분야의 법령이나 관련 논문을 찾아 읽기도 한다.

표현이 서툴러서 그렇게 읽어간 방식 중 일부만 사례의 형식으로 정리하고 있다. 내가 생각하고 시도했던 것보다 탁월하게 법령을 이해하고 현상에 적용시킬 수 있도록 하는 '읽기'가 틀림없이 있다고 믿는다. 그럼에도 굳이 내가 읽었던 방식에 대해서 공개하는 것은, 현재 이 일을 하게 된 것도, 앞으로 얼마 남지 않은 시간 동안 할 수 있는 것을 생각해 보아도, 기록관리 분야에서 기여할 수 있는 것이 마땅치 않다는 생각이다. 내 삶의 대부분이 그렇지만, 내가 한 것보다는 다른 사람들이 이루어 놓은 것을 받은 것이 훨씬 더 크고 많다. 작지만 그 중에서 가장 많은 시간을 들였고, 그나마 욕을 좀 덜 먹을 수 있다고 생각하는 것부터 한 가지씩 공유했으면 하는 생각이다.

기록관리에 종사하면서 적어도 백여 회 이상 '공공기록물법'을 읽은 것 같다. 여전히 법을 읽을 때마다 새로운 느낌이고, 이전에 보지 못했던 부분들이 보이는 것을 보면 아직도 멀었다는 생각이다.

겁 없이 시도했던 법령 따라읽기가 이 일을 하는 동안 계속해서 나의 손을 놓지 않는 이유이기도 하다. 해석의 정확성 여부는 둘째로 하고, 멈추지 않고 바라보는 것이 중요하지 않은가 생각하면서 오늘도 법령의 한 귀퉁이를 만지작거린다.

**박지태**

숭실대학교에서 역사학을 명지대학교 한국기록관리학교육원에서 기록학을 공부했으며, 공주대, 원광대, 충남대, 한남대 대학원에서 기록관리를 강의했다. 지역문서관의 설립을 위하여(2004, 번역), 기록관리법령따라읽기(2008), 기록관리개론(2011), 기록물관리실무(2014) 등을 썼고, 현재는 국가기록원에서 근무하고 있으며, 네이버 블로그 〈기록이와 함께하는 읽기 세상〉(https://blog.naver.com/girok2)을 통해 세상과 소통하고 있다.